3D 프린터 운용기능사

필기+실기

강윤구 · 선영태 · 김남현 공저

CRAFTSMAN THREE OPERATIONAL PRINTERS D.

PREFACE

제조업의 혁신이라고 할 수 있는 3D 프린터를 사용하여 1인 기업들이 생겨나는 지금 아이디어만 있으면 누구나 손쉽게 창업이나 신제품을 만들고 출시할 수 있다.

3D 프린터는 4차 산업혁명의 핵심 구성요소로서, 현재의 컴퓨터와 마찬가지로 미래에는 사용하지 않으면 안 될 도구로 인식되고 있다.

교육 분야를 시작으로 문화, 의료, 공예 등 점차 사용범위를 넓혀가고 있으며, 소재도 다양해져 플라스틱에서 시작하여 고무, 나일론, 금속, 세라믹, 음식 및 인체를 위한 바이오 소재까지 이제 3D 프린터는 선택이 아닌 필수로 되어가고 있다.

이제 우리는 이렇듯 새로운 기술을 어떻게 이용하여 개인별, 기업별 경쟁력을 높일 것인가에 대해서 고민해야만 한다.

끝으로 모든 작업을 이끌어주신 선영태 교수님과 김남현 대표님께 감사를 전하며 마지막까지 고생하신 편집부 직원분들과 황승주 상무님, 물심양면 뒷바라지해준 아내와 아들 병곤이에게도 감사의 말을 전합니다.

2018년
저자 강윤구

CRAFTSMAN THREE OPERATIONAL PRINTERS D.

CONTENTS

3D 프린팅 입문

Chapter 1	시장조사	9
Chapter 2	디자인 모델링	39
Chapter 3	엔지니어 모델링	63
Chapter 4	출력용 데이터 확정	81
Chapter 5	3D 프린터 SW 설정	97
Chapter 6	3D 프린터 HW 설정	117
Chapter 7	제품출력	171
Chapter 8	후가공	187

CRAFTSMAN THREE OPERATIONAL PRINTERS D.

3D 프린팅 입문

🎁 산업간 융합을 위한 소통의 도구

우리는 다양한 미디어를 통해 향후 몇 년 이내에 3D 프린터로 인해 산업에 혁신이 일어날 것이라는 소식을 들었다. 어떤 혁신이 일어날 것인가에 대한 미래의 모습은 왜 우리가 3D 프린터를 활용해야 하는가에 대한 고민을 통해 변화를 구체적으로 그려 볼 수 있다.

🎁 도구의 발전과정

신석기 시대에는 탄생한 도구로 인해 수렵 채집의 생활에서 정착하여 농업을 시작하게 되었다. 그 후 전쟁과 무역을 통해 꾸준히 발전하였으며 18세기에 접어들어 증기의 힘으로 물건이 만들어지는 1차 산업혁명을 통해 개인 제조 개념에서 기계 생산을 기반으로 대량 생산시스템의 틀을 갖추게 되어 속도와 효율을 향상시켰다. 19세기 2차 산업혁명은 석유와 전기를 사용한 본격적인 대량 생산이 시작되었으며 모든 일상생활에 영향을 주고 도시화가 시작되며 인구가 폭발적으로 증가하였다. 1970년대 산업화가 가속화되어 인간, 기계, 기술의 관리에 대한 체계적인 관리가 필요했으며 상호 연결된 네트워크와 기록 보관을 위해 디지털 혁명으로 발전하였다.

네트워크로 연결된 정보들은 개인용 컴퓨터 보급을 통해 서로 공유하고 활용하게 되었으며 엄청난 양의 정보를 바탕으로 제조 기술의 장벽이 낮아지고 누구나 상품을 디자인하고 제조할 수 있는 단계로 발전하였고 이는 3차 산업혁명으로 진화하였다. 3D 프린터의 등장으로 공간의 제약이 없어지고 더 많은 상품을 만들 수 있는 기회를 얻었으며 개인 제작 시대를 맞이하게 되었다. 급속도로 발전하는 도구의 발전은 정보통신기술(ICT)의 융합을 통한 4차 혁명시대가 도래하게 되었다.

여러 가지 도구의 발명을 통해 산업이 발전되어 왔고 3D 프린터라는 도구의 출현으로 더 많은 가능성을 갖게 되었다. 석기시대의 돌도끼가 사용 목적에 따라 수 만년 세월을 지나면서 3D 프린터라는 도구로 발전한 것이다. 최근 3D 프린터에 대한 관심이 높아지고 다양한 채널을 통해 간접적인 경험을 할 수 있는 기회가 많아지면서 3D 프린터의 필요성과 인식이 확산되고 있지만 각 가정에 들어갈 만큼 대중화되려면 많은 시간이 필요할 것으로 예상된다. 저변 확대를 위한 필수 조건인 작업자들 간의 소통의 해법을 찾아야 할 것이다. 무엇보다 소통을 통한 3D 프린터의 올바른 활용방법과 그 가치에 대해 충분한 이해가 없다면 3D프린터를 통해 기대하는 혁신이 나타나기는 어렵다.

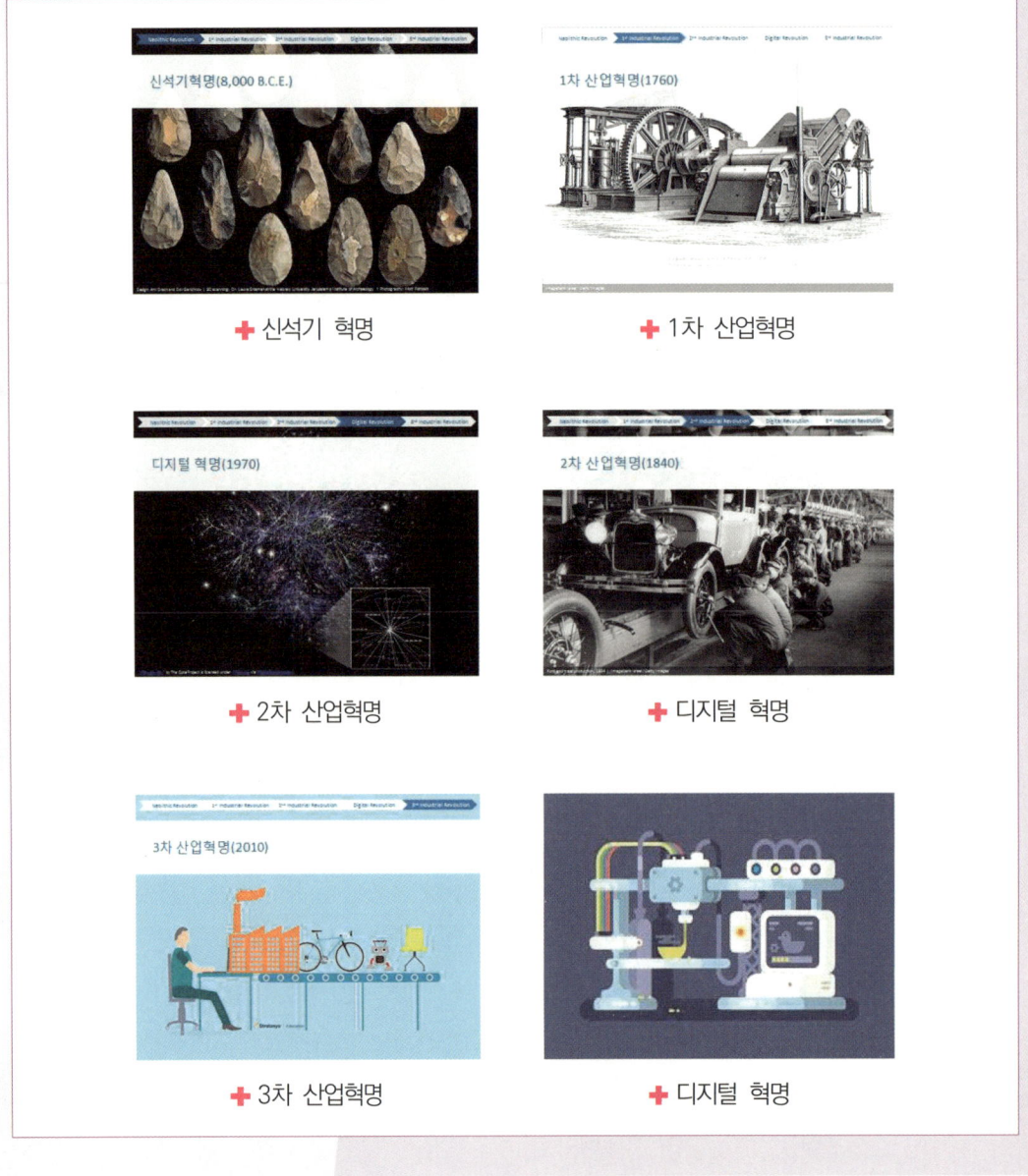

CHAPTER

01

시장조사

3D 프린터 운용기능사
CRAFTSMAN THREE OPERATIONAL PRINTERS D.

3D 프린터
운용기능사

CRAFTSMAN THREEOPERATIONAL
PRINTERS D.

CHAPTER 01 시장조사

📦 산업간 융합을 위한 소통

_ 제조업의 커뮤니케이션

　기존 제조업에서는 아이디어를 바탕으로 제품 모형을 스케치하고 업종에 특화된 전문 설계업체를 찾아가 제품을 설계하고, 설계도면이 완성되면 목형, 철형, 금형 등의 시제품 제작업체를 찾아 목업(MOCK UP)을 제작하였다. 많은 비용과 의사 결정이 필요하며 수시로 변하는 소비자의 구매 욕구를 채우려면 다양한 디자인도 필요하다.

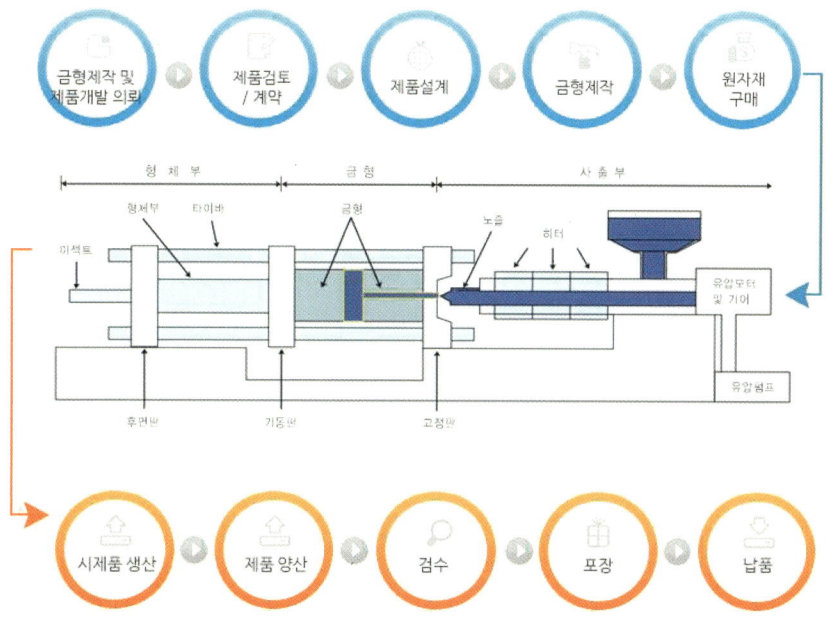

금형 단계에서 여러 번의 수정을 거쳐 제품을 대량으로 양산해야 제품의 원가를 낮추어 경쟁력 있는 가격으로 제품을 판매할 수 있다.

여러 과정을 거치고 다양한 관계자들을 만나야 제품이 시장으로 나올 수 있는 것이다.

- 기존제조업의 제조공정

아이디어 – 스케치 – 제품설계 – 시제품 – 금형 – 양산 – 판매

디자인 수정은 금형 수정으로 연결되며 큰 비용이 발생한다. 시행착오를 줄이기 위해서는 정확한 의사 전달과 신속한 수정사항 적용이 중요한데 어떻게 소통할 것인가?

각 국가, 계층, 업종에서 그들만의 언어와 문화가 있다. 미국과 영국은 영어, 프로그래머는 컴퓨터 언어, 야구 경기에서 볼 수 있는 감독과 선수와의 사인과 같이 필자가 생각하는 제조업의 언어는 설계도면과 시제품이다. 정확한 수치와 사양이 들어있는 설계도, 설계도를 바탕으로 만들어진 결과물은 각 제조 공정별 전문가, 디자이너와 소통하며, 투자자와 소통하고, 소비자와 소통할 수 있는 효율적인 도구라고 생각한다.

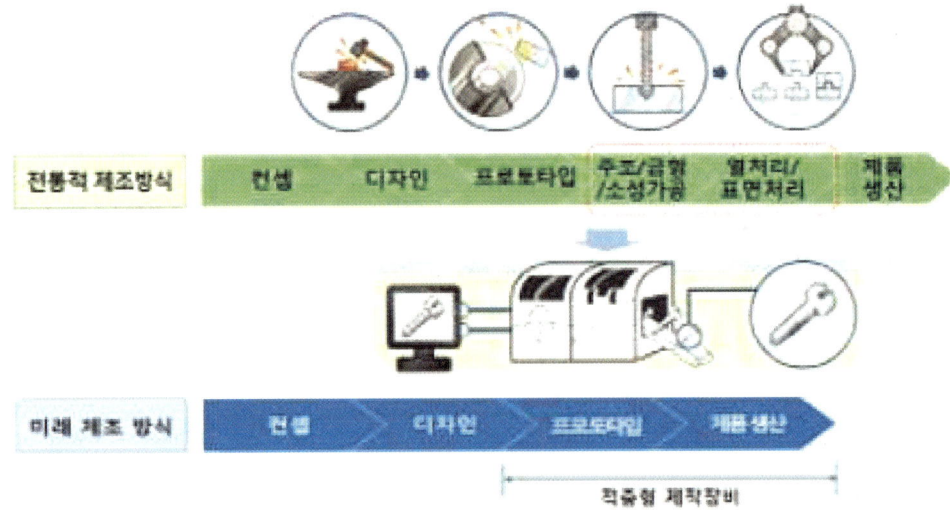

3D 프린터는 아이디어를 눈으로 볼 수 있도록 시각화하고 손으로 만져볼 수 있도록 검증하는 단계에서 핵심적인 역할을 하며 이 과정을 통해 만들어진 설계도를 바탕으로 금형업체와 대화를 통해 설계를 수정하고 다양한 소재를 적용하여 최종 샘플을 테스트하는 과정을 거듭하여 견고하고 기능적인 제품을 생산할 수 있도록 도와준다.

❶ 창업을 위한 도구 – 창업에 활용하는 3D 프린터

현재 글로벌 선진국들은 4차 혁명으로 변화를 외치며 '스마트 팩토리'로 전환을 준비하고 있다. 인간의 참여가 줄고 자동화 생산이 보편화되고 디지털화되어 가고 있는 것이다. 상대적으로 산업화 시대를 통해 부를 축적하여 거대 자본을 바탕으로 시장을 주도했던 대량 생산 시스템에서 벗어나 개인이 소비자의 취향에 맞춰 빠르게 물건을 만들어 낼 수 있는 개인 제조업이 활성화될 것으로 예상된다.

3D 프린터를 활용하여 적은 비용으로 창업에 도전한 사례를 살펴본다.

1) 창업사례: 재미를 만드는 메이킹 마이쿠키디어

> **재미를 만드는 메이킹 '마이쿠키디어'의 3D 프린터 이야기**
>
> 마이쿠키디어는 베이킹 관련 도구를 FDM 방식의 3D 프린터를 활용하여 고객이 원하는 제품을 주문받아 제작해주거나 특별한 모형의 디자인 제품을 생산하여 판매하는 베이킹 관련 스타트업이다. 김남현 대표를 만나 다양한 이야기를 들어보았다.

Q 마이쿠키디어는 어떤 회사인가?

A 마이쿠키디어는 산업용 3D 프린터가 아닌 일반용 3D 프린터로 만든 물건의 한계점을 발견했다. 여러 언론에서 3D 프린터로 만들 수 있는 제품을 화려하게 보도했지만 실제로 살펴보면 일반용 3D 프린터로 만든 제품은 거친 표면, 사용하는 재료의 색이 단조로운 면도 있었다. 이런 단점을 보완하며 소비자들이 보편적으로 사용할 수 있는 제품을 찾는 게 쉽지 않아 여러 제품을 생각하다 주목하게 된 '쿠키 커터'이다.

마이쿠키디어 홈페이지(www.mycookidea.com)

* 현재 홈페이지에 1000개가 이상의 쿠키커터 디자인이 있다.

　쿠키 틀인 '쿠키 커터'는 대중들에게 널리 알려져 시중에서 대량으로 판매되고 있어 가격 경쟁력이 치열한 제품이었지만 '마이쿠키디어'의 '쿠키 커터'는 소량으로 자신이 원하는 디자인의 제품을 만들 수 있는 3D 프린터의 장점만을 살렸다.

　정성을 담아 마음을 전하는 선물로 알려진 쿠키 제작에서 정형화된 쿠키 틀이 아닌 세상에 단 하나밖에 없는 개성 있는 쿠키 틀은 소비자들의 마음을 사로잡았다. 자신이 원하는 모양을 제작할 수 있는 '쿠키 커터'는 쿠키 만들기 실습 등 독창적 디자인의 홈 베이킹에 관심이 많은 베이킹 공방 회원들에게 가장 인기 있는 상품이다.

✚ 소년, 소녀 쿠키커터로 만든 쿠키

✚ 3D 프린터로 만든 소녀 쿠키커터

─우리아이쿠키님─

Q 창업에 3D 프린터를 활용하게 된 계기는?

A '3D 프린터로 사람들이 생각한 것을 현실이 되도록 해주자'라는 생각으로 창업하게 되었다. 저가형 3D 프린터가 가진 본질적인 한계인 제품의 완성도가 떨어지는 점을 극복하기 위해서 다양한 관점에서 생각해보던 중 출력물의 품질을 공산품 수준으로 끌어 올리는 대신 완성도가 중요하지 않으면서 기능이 가치를 대변하는 제품 쪽에 비전이 있을 것이라 생각하고 3D 프린터의 장점인 소량 맞춤형 생산과 결합한 제품 판매를 시작하였다.

➕ 쿠키커터 맞춤제작 부스

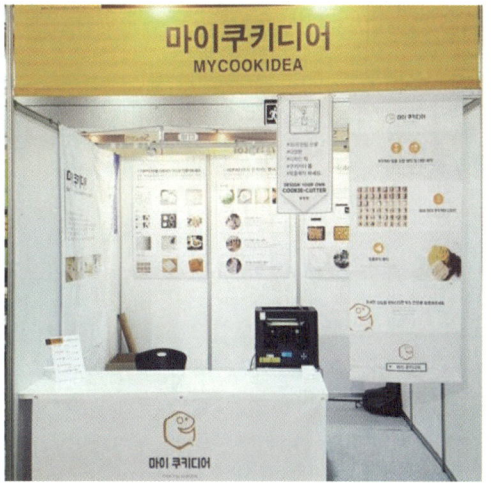
➕ 3D 쿠키커터 생산 모습

3D 프린터로 제품을 자체 제작하기 때문에 소비자가 원하는 요구사항을 빠르게 반영할 수 있었고 트렌드에 맞춘 다양한 제품 출시를 통한 SNS 마케팅에서 다른 기업들과 확실한 차별점을 가질 수 있었다. 또한 소량 맞춤형 생산으로 만들어 놓은 제품이 소비자에게 반응이 좋지 않아도 재고 걱정을 할 필요가 없다.

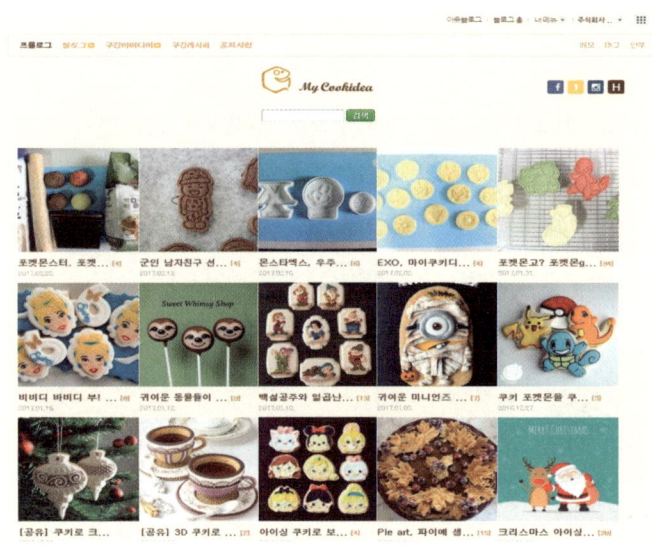

➕ 마이쿠키디어 블로그
(http://blog.naver.com/mycookidea)

➕ 마이쿠키디어 인스타그램
(#mycookidea)

Q 앞으로의 계획은 무엇인가?

A 앞으로는 창립 목적에 맞게 3D 프린터를 이용하여 사람들의 생각을 현실로 구현해주는 다양한 아이템을 확장 개발해 나갈 생각이다. 또한 3D 프린터로 만들어진 제품을 통해 인기 있는 제품은 지속적으로 대량 생산을 진행하여 수입품에 밀려있는 국산품의 경쟁력 있는 디자인들을 부각 시킬 예정이다.

➕ 마이쿠키디어 인기 상품(허그쿠키 아품곰 & 아품토)

➕ 인기 상품 대량 생산 사례

3D 프린팅 창업 시 고려사항

- 제품의 판매 단가는 얼마인가?
- 판매 제품의 소재는 무엇으로 할 것인가?
- 소비자가 원하는 정밀도에 맞는 장비인가?
- 제품을 출력 시 소요되는 시간은 어느 정도인가?
- 디자인 설계에 소요되는 시간은 얼마인가?
- 제품의 인증 절차는 어떻게 진행되는가?
- 주문 수량은 몇 개인가?
- 제품의 원가 분석에 대한 기준과 판매 수익에 대한 계산이 필요하다.

2) 창업사례: 가족을 위한 메이킹 아시카팩토리

가족을 위한 메이킹 아시카팩토리의 3D 프린터 이야기

아시카팩토리는 FDM 방식의 3D 프린터를 활용하여 생활 소품 및 아이디어 제품을 제작하고 있는 스타트업이다. 송현균 대표를 만나 다양한 이야기를 들어보았다.

Q 3D 프린터를 활용하게 된 계기는 무엇인가?

A 원래는 3D 조감도 작업을 하는 디자이너로 활동했었다. 3D 프린터를 통해 '내가 만들고 싶은 무엇인가를 입체화하고 싶다'는 생각을 했다. 부모님이 자영업을 하시는데, 연계된 프로젝트를 해보면 좋겠다는 생각을 했고 크진 않더라도 평생 내가 원하는 것을 만들어 나가는 길을 선택하게 되었다

아시카팩토리 메인 홈페이지 http://www.ashika.co.kr/

블로그를 통해 3D 프린터에 대한 다양한 정보와 직접 출력한 생활소품에 대한 자료 및 아이디어를 얻을 수 있다.

Q 3D 프린터를 활용하여 제작한 것에는 무엇이 있는가?

A 첫 작품으로는 누나와 조카를 위해 만든 콘센트 안전장치와 수유등을 제작했었다. 콘센트 안전장치의 경우에는 공모전에서 좋은 평가를 받아 수상도 하였다.

＋ 누나를 위해 만든 수유등　　　　　　　　＋ 조카를 위한 콘센트 안전커버

상품화하여 판매까지 연결시킨 것으로는 사무실에 일하시는 분들을 위한 자석 화분과 손목시계가 있다. FDM 방식으로 출력하더라도 상품으로의 가치를 가질 수 있을만한 것, 시장에서 호응을 얻을만한 제품을 고안하고자 하였다. 단순한 것에서부터 시작하여 사용자들의 반응을 살피고 있으며, 점차 다양한 기능을 넣거나 디자인을 진화시킬 계획이다.

Q 손목시계는 모델링과 3D 프린터 출력 기술만으로 제작하기 어렵지 않은가?

A 손목시계는 기존에 판매 중인 시계 알의 무브먼트를 분해하여 3D 프린팅된 시계 몸체와 결합시키는 방식으로 제작하였다. 이를 위해 멀쩡한 시계 알을 수차례 망가뜨리는 등의 시행착오 과정을 거쳐야 했는데, 현재는 기본적인 틀이 잡혀, 외관 디자인 쪽에 치중하여 제작하고 있다. 시계는 우드 재료를 섞거나, 레고 제품과 연계하는 등 색다른 시도들을 해보고 있는데 흥미롭다.

FDM 방식 프린터를 통해 출력한 다양한 작품들 손목시계(앞쪽)와 팔찌, 아이들을 위한 캐릭터 상품 및 아이디어 제품(뒤쪽)들을 볼 수 있다.

Q FDM 프린터의 강점과 약점은 무엇인가?

A FDM 방식의 3D 프린터 단가가 다른 유형의 프린터에 비하여 저렴한 편이며, 여러 재료를 함께 활용할 수 있다는 점이 큰 장점이라고 본다. 다만 FDM 방식으로 정교한 수준의 퀄리티 높은 출력물을 얻기는 어렵기 때문에, 프로토 타입 작업 정도로 활용하는 것이 가장 적합하다고 본다.
즉, 상품화를 목적으로 출력을 하기에는 적합하지 않다. 따라서 이러한 약점을 보완하기 위해, 실리콘 몰딩 작업을 통한 제품의 양산을 추진 중에 있다.

✚ FFF 방식 3D 프린터를 통해 출력한 코끼리 화분(중앙)과 조형물(왼쪽 뒤편)

Q 3D 프린터의 가치와 활용 시 유의해야 할 점은 무엇인가?

A 3D 프린터는 기존의 제조 방식에 비해 시간적으로 절감되는 부분이 가장 큰 강점이라고 생각한다. 일정한 규격, 품질의 산출물을 만드는 데에는 상당한 에너지가 소요되는데, 3D 프린터는 그것을 상당 수준 절감 시켜준다.
단, 3D 프린터 활용 과정에서 지나치게 많은 쓰레기를 양산할 수 있다는 것은 유의해야 할 것이다. 3D 프린팅 과정에서 출력 실패로 인한 결과물들이 쓰레기로 남아서 새로운 오염원이 될 가능성이 있다.

> **T.I.P**
> 3D 프린팅 사업화를 위해서는 2016년 12월 23일부터 시행된 삼차원프린팅산업 진흥법에 대한 법령을 확인해야한다.
> 삼차원프린팅산업 진흥법(약칭: 삼차원프린팅법) [시행 2016.12.23.]
> [법률 제13582호, 2015.12.22., 제정] 미래창조과학부(정보통신산업과)
> 문의전화 02 – 2110 – 2937

3) 창업사례: 혁신을 이끄는 메이킹 랩C(Lab C)

혁신을 이끄는 메이킹 랩C(Lab C)의 3D 프린터 이야기

랩C를 운영하는 류진랩에서는 모피어스 3D 프린터를 LIPS 프린터를 자체 개발하여 클라우드 펀딩에 성공한 스타트업이다. 랩C 박성진 대표와 동료들의 3D 프린터에 담긴 철학에 대해 들어보았다.

Q 랩C를 창업하게 된 계기는 무엇인가?

A 3D 프린터는 단순한 기계가 아니라 나눔과 공유라는 철학을 담아낼 수 있다고 생각한다. 인터넷과 PC 그리고 3D 프린터를 통해 누구나 자신의 콘텐츠를 만들고 공유할 수 있다는 점에서, 새로운 플랫폼으로서의 역할을 할 수 있다고 생각했다. 우리는 3D 프린팅이 분명 우리의 삶을 좋은 방향으로 바꾸는 데 기여할 수 있다고 확신하며, 그 길에 앞장서고 싶었다.

➕ 킥스타터를 통해 크라우드 펀딩에 성공한 모피어스 3D 프린터

Q 모피어스 3D 프린터는 무엇인가?

A 모피어스 3D 프린터는 자체적으로 개발한 레진 방식의 3D 프린터이다. 레진은 액체 상태의 재료에 마치 사진을 찍듯이 자외선을 투영하여 출력하는 방식이다. 일반적인 FDM 적층 방식의 경우 점에서 선을 만들고 면을 만들어 나가는 방식이라면, LIPS는 면에서부터 프린팅이 시작된다. LCD를 통해 빛을 받은 부분이 한 층씩 고형화되는 방식으로 출력하기 때문에, 다른 3D 프린터에 비하여 빠른 시간 내에 대량 생산이 가능하다.

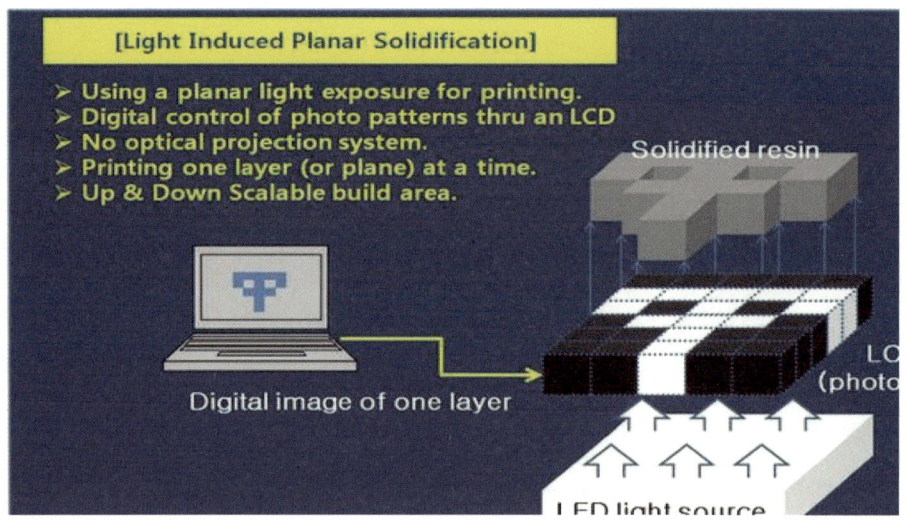

✚ LIPS 방식의 프린팅 원리

모피어스의 작동방식인 LIPS는 LCD기술을 3D 프린터 개발에 적용한 것이다. 기존의 DLP가 소형 프로젝션 기술에 기반을 두고 있다면, LIPS는 LCD기술에 해당하는 것이다. LIPS는 빛을 이용하기 때문에 재료비가 저렴하여 가격 경쟁력이 좋은 편이고, 넓은 면적이라도 균일하게 빛을 투영할 수 있어 큰 면적의 제품도 빠르게 출력할 수 있다. 유사한 아이디어를 가지고 다른 기업에서도 시도한 바 있지만, 실제 제품화에 성공한 사례는 없는 것으로 알고 있다

Q 창업을 하면서 얻게 된 노하우가 있다면 무엇이 있을까?

A 우리의 기본 철학은 나눔이다. 점차 쉽고 빠르게 개발 가능한 3D 프린터가 확산될 것이다. 물론 특허를 통해 자신의 기술을 보호하는 것도 중요하지만, 새롭게 진화하는 기술 전쟁에서 생존할 수 있으려면 결국 공유와 협력에 기반을 두고 있어야 한다고 본다. SNS를 통한 마케팅 또한 좋은 전략이 될 수 있다. 소셜 마케팅을 시작했는데, 그것이 우리의 상품을 해

외 언론에까지 전달해주는 기반이 되었다. 지금은 작은 기업들도 자신을 알릴 수 있는 좋은 기회들이 많아졌다고 생각한다.

✚ morpheus 3D printer를 통한 출력물

Q 3D 프린팅만으로 창업이 가능할까?

A 3D 프린터는 화학에서 촉매제의 역할을 한다고 생각한다. 3D 프린터는 기계에 불과하지만, 연관된 다양한 영역에 큰 영향을 미칠 수 있다. 3D 프린팅 기술만으로 창업을 할 수 있냐는 질문에 '예'라고 답하기는 어렵다. 하지만 3D 프린터가 다채로운 창업 영역에서 활용되리라는 것은 분명하다. 미래는 스스로 문제를 만들어서 학습하고 해결하는 사람들의 세상이 될 것이라고 생각한다. 3D 프린팅을 기반으로 다양한 시도를 하는 메이커들은 무궁무진한 분야에서 창업이 가능하다고 생각한다.

Q 3D 프린팅과 관련된 안전·윤리 문제에 대해 어떻게 생각하는가?

A 안전 문제는 기술적인 부분이고 교육을 통해 해결할 수 있기 때문에 큰 문제는 없다고 생각한다. 다만 윤리적인 부분에서는 생각할 문제들이 있다. 최근 해외 언론을 통해서 마피아들이 3D 프린터를 구매해서 총을 만들고 있다는 뉴스를 본 적이 있다. 필요악이라고 말하기는 싫지만, 안 좋은 부분 때문에 아예 3D 프린터를 멀리하라고 말하고 싶지는 않다. 예전부터 텔레비전, 영화, 인터넷 사용에 대해 우려의 목소리는 있으나, 결국 우리들의 삶에 들어와 엄청난 영향력을 끼치고 있음을 볼 수 있다. 비윤리적으로 사용하는 것에 대해서는 3D 프린터를 사용하지 말라고 이야기하기보다, 어떻게 사용하는 것이 올바른 것인지 함께 고민하여 건전한 문화를 만들어가는 것이 현명한 방법이라고 생각한다.

Q 앞으로 랩C의 계획은 무엇인가?

A 킥스타터를 통해 102명이 후원을 해주셨는데, 그 분들이 주신 피드백을 통해 많은 아이디어를 얻었다. 보다 많은 사람들이 3D 프린팅을 통해 경제적 자유를 얻을 수 있는 플랫폼의 역할을 하는 것이 우리의 비전이기 때문에, 많은 사람들의 아이디어들을 현실화하는데 도움을 주고 우리도 함께 성장하고 싶다. 많은 사람들과 협력하고 좋은 아이디어를 공유하며 성장하고 싶고, 또 많은 사람에게 사용되는 3D 프린터를 만들고자 한다.

> **T.I.P**
> 장비 개발은 3D 프린터의 가장 기본적인 분야이다.
> 2008년 최초의 렙랩 프로젝트 오픈소스 3D 프린터 다윈(Darwin)이 개발돼 세상에 나왔다.
> 2009년에는 멘델(Mendel)이, 2010년에는 헉슬리(Huxley)가 출시됐다. 모두 FDM 방식의 3D 프린터로 모든 부품은 쉽게 구할 수 있거나 3D 프린터로 제작할 수 있을 정도로 단순한 구조로 디자인된 제품들이다. 렙랩 프로젝트는 지금까지 수십여 종에 달하는 오픈소스 3D 프린터를 탄생시켰다.
> [네이버 지식백과] 3D 프린터의 대중화

❷ 취업을 위한 도구 - 취업에 활용하는 3D 프린터

가장 직접적인 분야는 디자인 관련 기업이다.

디자인 주요 사업으로 수익을 창출하는 기업에 취업 목적으로 활용하기에 3D 프린터만한 것이 없다.

예를 들어 건축, 실내디자인 분야에 취업을 목표로 대부분의 취업 준비생들은 이력서와 자기소개서 외에 각종 자격증을 취득하여 서류 전형을 치르고 그 후 포트폴리오를 제출해야 한다. 이 포트폴리오를 만들기 위해 많은 시간과 비용과 노력을 투자하고 면접을 보러간다. 모두들 글과 말로 실내디자인 분야에 대한 열정을 표현한다. 다른 준비생들과 차별이 필요하다.

취업을 목표한 기업의 컨셉에 맞는 실내디자인 모형을 3D 프린터로 출력하여 면접관들이 만져볼 수 있도록 준비해 간다면 더 많은 관심을 갖고 질문과 답변의 기회를 얻을 것으로 생각된다.

제품 디자인 분야도 마찬가지로 디자이너의 입장과 사용자의 입장에서 목표한 기업에 맞는 신상품을 직접 출력하여 제안한다면 인사 담당자에게 어떤 인상을 심어 줄 수 있을까?

지금까지는 글과 말로 면접관에게 자신을 소개했지만 3D 프린팅을 다룰 줄 안다면 손으로 만질 수 있는 제품과 컨셉을 통해 면접관의 기억에 남을 수 있고 좋은 결과를 기대해 볼 수 있을 것이다.

1) 건축과 포트폴리오

✚ 설계프로그램을 이용한 포트폴리오

✚ 3D 프린터로 출력한 건축 조형물

2) 산업디자인과 포트폴리오

✚ 스케치로 만든 포트폴리오

✚ 3D 프린터 출력 후 채색한 제품

3) 패션디자인과 포트폴리오

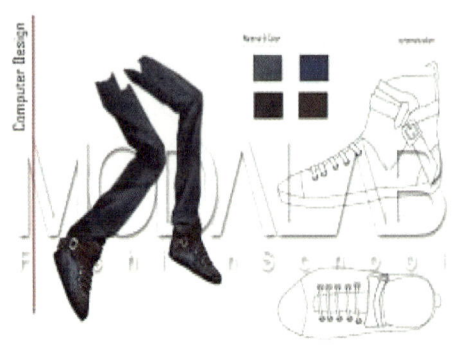
✚ 스케치와 원단으로 표현한 포트폴리오

✚ 3D 프린터로 출력한 구두

 기업은 항상 새로운 기능의 제품과 다양한 디자인을 필요로 하고 실력 있고 행동하는 인재에 목말라 있다. 이를 통해 기업이 발전하기 위한 동력을 얻고 신규 사업에 대한 목표와 방향을 설정한다.
 결국 생각하고 행동하고 만들 수 있는 인재가 인정받고 필요로 할 것이다.
 그 외에도 의료 분야, 항공우주 분야, 자동차 산업, 패션 산업, 예술 분야, 건축 분야, 쥬얼리, 식품 등 관련 분야에서 필요한 제품들에 대해 다양한 사례를 접목하여 취업을 목표로 한 기업의 면접이나 공모전에 활용할 수 있다.

유럽이나 미국 등 메이커 문화가 활성화된 나라에서 다양한 디자인과 기능의 아이디어 제품들을 3D 프린터를 활용해 만들고 있다. 매일 매일 새로운 시도가 되고 있으므로 아직 국내에 소개되지 않은 제품을 해외 3D 프린팅 관련 사이트나 기사를 통해 조사하여 출력해보고 적용해보는 것도 좋은 방법이 될 것이다.

- 국내정보
  http://opencreators.com/ocp/

- 해외정보
  https://www.3Dhubs.com/
  https://www.shapeways.com/
  https://3Dprint.com
  http://www.forbes.com

③ 3D 프린팅 기술 변화

3-1. 소비자 변화 - 3D 프린팅 기술 출현에 따른 변화

1) 소비자 관점의 3D 프린팅

소비자가 제품을 구매하기 위해 시장이나 마켓을 방문하던 시대는 지나고 인터넷 쇼핑몰에 방문하여 제품 이미지를 보고 클릭 한번으로 제품 구매가 가능한 시대가 왔다. 최근에는 영상을 통해 제품을 꼼꼼히 살펴보고 구매할 수도 있으며 결제도 간편해졌다. 홈쇼핑에서는 일정기간 사용 후 반품이 가능할 정도로 소비자의 제품 검증과 구매 결정은 까다로워졌다.

소비자 관점에서 봤을 때 3D 프린터는 입체적인 사물을 출력해내는 단순한 기계가 아니며, 소비자의 특별한 가치를 담아내고 구매자 개인에게 딱 맞춰진 제품을 만들 수 있으며 시장은 특정 고객에게 취향에 맞는 디자인과 기능을 담아 낸 한정판 제품에 대한 소비문화가 확산되고 있다.

다양한 채널을 통해 상품에 대한 많은 정보를 수집하고 공유하게 된 소비자들은 다른 소비자의 댓글과 사용 후기 등의 영향을 받아 상품을 구매하고 소비하며 더 나아가 판매업체는 SNS를 통해 유통채널로 소비자를 직접 활용하기도 한다.

3D 프린팅 시대에는 소비자의 역할이 더욱 확대될 것이다. 다양한 3D 프린팅 서비스를 통해 실시간으로 주문과 맞춤 생산이 가능하며, 더 나아가 소비자는 직접 제작에 참여하여 소비할 수 있을 것이다.

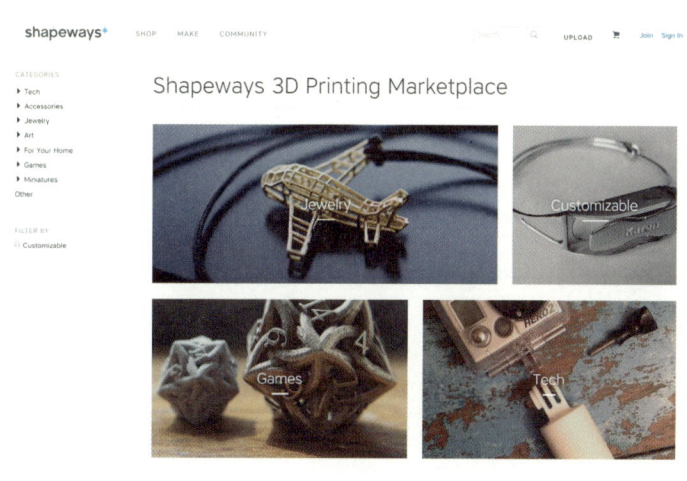

✚ 쉐이프웨이즈

> **T.I.P**
>
> 셰이프웨이스(shapeways)는 도면을 공유하거나 사고파는 서비스뿐만 아니라 사용자가 출력하고자 하는 모형을 설계하는 데 도움을 주기도 한다. 직접 출력해 배송 및 판매까지 담당하는 것에서 비즈니스 가능성을 발견했다. 특히, 마이리틀포니(My Little Pony) 등 인기 있는 유명 캐릭터와 디자인 협력을 통해 고품질 도면을 제작하고 공유할 수 있도록 한다는 점이 특징이다.
>
> FDM 3D 프린터 제조업체 울티메이커(Ultimaker)가 운영하는 유매진(Youmagine)이나 큐브히어로(Cubehero) 등도 3D 프린터와 함께 사용할 수 있는 모형 공유 비즈니스를 벌이는 중이다. 이들은 애플(Apple)의 스마트폰 애플리케이션 다운로드 서비스 앱스토어(Appstore)나 구글이 만든 안드로이드 스마트폰을 위한 애플리케이션 마켓 구글플레이(Googleplay)와 비슷한 방식으로 운영된다는 점에서 3D 프린터 세계의 공유 플랫폼 비즈니스인 셈이다. 예기(Yeggi)라는 웹사이트는 주요 3D 프린팅 도면 공유 웹사이트에서 사용자가 원하는 모형을 검색할 수 있도록 검색에 특화된 기능을 서비스하는 등 독특하고 다양한 아이디어가 파생되고 있다.
>
> 출처: [네이버 지식백과] 3D 프린터 도면과 새로운 비즈니스 발췌

3-2. 생산자 변화 - 생산자 관점의 3D 프린팅

산업사회에서는 거대한 자본력을 바탕으로 기업이 기술을 독점하여 상품을 제조하고 유통할 수 있었고 소비자들은 단지 기업이 만들어서 진열해놓은 상품을 소비하는 것으로 제품 선택에 대한 선택권이 한계적이었다.

더 나아가 기업은 점점 규모를 늘려 대량 생산 시스템을 구축하고 값싼 노동력이 풍부한 제3세계를 통해 제품의 가격 경쟁력을 강화하고 시장을 잠식해왔다. 최근에는 로봇 기술과 자동화 시스템을 구축하고 재정비하여 더 저렴하고 많은 종류의 제품을 생산하여 시장을 독점하고 있다.

소비자의 취향은 다양하지만 대량 생산을 하고 있는 현재의 기업들은 정해진 규격의 제품만을 생산한다.

구매자가 원하는 크기의 제품과 복잡하지 않은 기능을 탑재한 독특한 디자인에 대한 소비자의 개인적 욕구를 기업이 충족시키지 못하고 있다. 이런 이유로 개인 메이커들이 생겨나고 DIY 문화가 확산되고 있다. 3D 프린터는 만들기 문화의 중심에 있으며 메이커들은 다양한 사례와 기술적인 정보를 공유하며 개인도 생산 시스템을 갖출 수 있는 환경이 조성되었다.

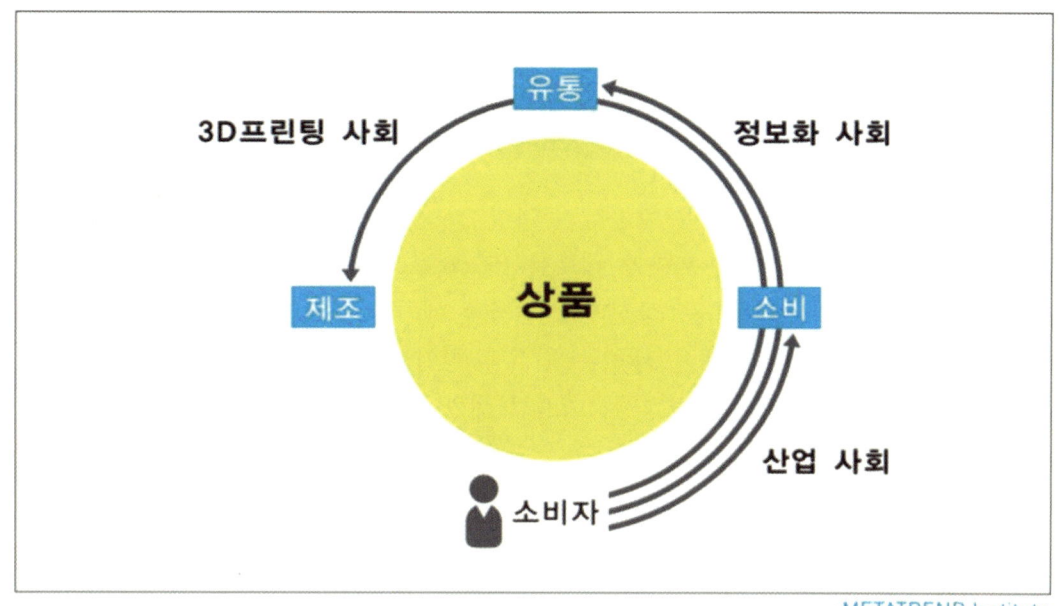

➕ 메이커 확산

1) 메이커 운동(Maker Movement)

필요한 것을 손수 만들고, 공유하며 혁신하는 메이커들의 창작 활동을 소개한다. 메이커들이 일상에서 창의적 만들기를 실천하고 자신의 경험과 지식을 나누고 공유하려는 경향을 말한다. 최근 시제품 제작을 활용한 창업이 용이해지면서 소규모 개인 제조 창업이 확산되는 추세이며 이 역시 메이커 운동의 일부이다.

2) 미래를 향한 움직임, 메이커 운동

오늘날 메이커는 차고(garage)의 땜장이(tinkerer)부터 발명가, 공예가, 창작자, 혁신가 그 모두를 포괄한다. 메이커는 관심과 주의를 기울이는 호기심에 그치지 않는다. 메이커는 끊임없이 만들고, 공유하며 혁신한다.

3) 메이커(Maker)

디지털 기기와 다양한 도구를 사용한 창의적인 만들기 활동을 통해 자신의 아이디어를 실현하는 사람으로서 함께 만드는 활동에 적극적으로 참여하고, 만든 결과물과 지식, 경험을 공유하는 사람들.

만드는 활동은 인간의 본성이라는 관점에서, 제작 방식에 관계없이 '우리는 모두 만드는 사람'

— Dale Dougherty(데일도허티, 메이크미디어 설립자) —

4) 현재 메이커 운동

중국의 선전시(深圳市)는 창업의 메카로 중국형 실리콘밸리로 주목받고 있다. 메이커 스페이스가 하드웨어 제조업의 인프라와 네트워크의 허브로 기능하며 세계의 제조 스타트업들을 끌어들이고 있다. '짝퉁'으로 상징되던 중국의 메이커 문화는 어느새 '대륙의 실수'라 불릴 만큼 값싸고 질 좋은 제품을 내놓는 혁신적 창업문화로 도약했다. 자고로 혁신적 메이커가 기반을 이루는 글로벌 창조경제시대가 도래한 것이다.

다가올 새로운 산업혁명을 주도하며, '제품 제작 및 판매의 디지털화를 이끄는 사람, 기업'

— Chris Anderson(크리스 엔더슨, Makers저자) —

출처: 김윤정 단장/한국과학창의재단 창조경제인재단

5) 국내 메이커

메이커 운동은 개개인이 창작에 참여할 뿐만 아니라, 창작의 지식·경험을 공유하여 타인의 혁신을 촉진하는 혁신의 확산기제로 작용하며 메이커의 창작을 통한 경험을 공유하여 타인의 흥미를 유발시켜 메이커의 저변을 확대하며 창작에 따른 메이커 간의 노하우 공유 및 협업을 증대하고 이것은 결국 제품 개발의 질을 향상시켜 다시 경험 공유하고 창작문화 확산 등의 선순환을 만들어 나간다.

국내 메이커 운동은 초기 단계로, 규모는 작지만 점차 성장하는 추세

- 일상에서 만들기를 하는 국민의 비율 증가: '15년 19.3% → '16년 28.3%
- 커뮤니티 '16년 기준 약 3,200여 개의 온·오프라인 메이커 커뮤니티 활동 중 메이커들의 활동 공간이 증가하는 추세이며, IT 기업을 중심으로 교육, 메이커톤 등 '만들기'를 촉진하는 다양한 활동이 전개됨
- ICT 해커톤, SK(Creator's Planet), 아트센터 나비(웨어러블 융합프로젝트) 등
- 스페이스 '15년 71개(공공 63 + 민간 8) → '16년 103개(공공 87 + 민간 16)로 증가하고 메이커의 활동영역은 광범위하나, 우리나라는 우수한 ICT 경쟁력과 문화예술 역량을 살려 한국형 메이커 운동을 확산할 필요가 있다.
- 민간 메이커 스페이스 증가가 증가하고 있으며 팹랩서울(세운상가), N15(나진상가) 등은 대표적인 예이다. 2018년도엔 메이커스페이스를 이용한 교육 멘토 메이커 장비들을 활용하여 메이커 운동이 취미 생활에서 새로운 비즈니스 창조 모델로 진화되고 있고 일반 대중이 스스로 제품·서비스를 구상개발하는 창작 운동으로, 최근 세계적인 제조업 혁신과 연계되어 관심이 확대되는 추세이다.

3-4 3D 프린터 장·단점

　기술의 발전은 많은 사람들에게 생활에 편의를 제공해 주기도 하지만 나쁜 목적으로 악용함으로써 복잡한 문제를 일으켜 여러 사람에게 피해를 줄 수도 있다.

[3D 프린터의 장점]

1. 디자인의 수요를 충족시키기 위한 다품종 소량생산 도구
2. 제조 환경의 변화를 이끌어 갈 스마트 팩토리 도구
3. 소비자 수요 조사가 가능한 판매 도구
4. 필요한 만큼 생산하는 환경을 지키는 도구
5. 최종 사용자의 요구에 따라 변환할 수 있는 맞춤형 도구
6. 선주문 후제조 근거리생산 물류창고 유통 혁명의 도구

[3D 프린터의 단점]

1. 총, 칼 등의 위험 무기 생산으로 인한 위험
2. 불법 복제로 인한 개인 저작권 침해
3. 무분별한 제품 생산으로 인한 안정성 검증
4. 대량 생산 전환 시 시간과 비용 대비 비효율적
5. 기술 발전으로 인한 자동 생산 시스템 도입으로 일자리 감소

미 캘리포니아 주, 3D 프린터로 만든 총 규제

　미국 캘리포니아 주는 최근 3D 프린터로 만든 총 등 수제 무기를 등록하도록 하는 법안을 통과시켰다. 무기를 등록하면 절차를 거쳐 법무부로부터 공식 일련번호(시리얼넘버)를 받게 된다. 이 법안은 3D 프린터로 만들어진 유사 무기에 대한 허술한 구멍을 막기 위한 것이다. 3D 프린터로 만든 총은 관리감독을 받지도 않은 채 배포되거나 매매될 수 있다. 집에서 만든 총은 존재 유무조차 확인하기 어렵다. 플라스틱으로 만들었기 때문에 폭발이 일어나 사용자에게 위험할 수 있고, 금속 탐지기를 피해갈 수도 있다.

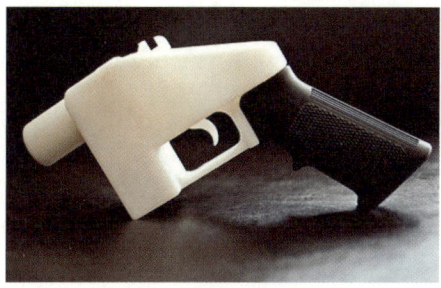

✚ 3D 프린터로 제작한 총기

> 캘리포니아 주의 이번 규제 법안은 3D 프린터로 만든 무기들에 대한 규제당국의 첫걸음이란 점에서 주목된다. 법안에 따르면, 3D 프린터로 만든 총의 소유자는 반드시 어떻게 습득했는지를 밝힌 뒤 공식적으로 등록해야 한다. 캘리포니아주 이외의 지역에 배포·판매할 때도 반드시 허가를 받아야 한다.
>
> 한계레신문 음성원 기자 2016-08-01 기사 발췌

④ 융합제품

4-1. 융합제품 – 융합제품의 커뮤니케이션

IOT, ICT 관련 제품들이 많이 개발되고 있다.

기술 장벽이 낮아지면서 디자인의 중요성이 부각되고 있다.

몇 해 전 스마트 폰 시장에서 1위, 2위를 다투는 글로벌 기업 S사와 A사의 디자인 분쟁으로 세상이 떠들썩했었다. 단순해 보이는 디자인이지만 다양한 부품들을 조립하여 최첨단 기능을 구현하기 위한 최적의 디자인에 대한 공식이 비슷하여 초래된 결과로 판단된다.

아두이노 [Arduino]

기기를 제어하기 위한 제어용 기판으로 오픈 소스의 방식의 회로를 사용하여 쉽게 만들고 수정할 수 있으며, 센서나 부품 등의 장치를 연결할 수 있는 구조로 되어 있다. 센서나 스위치 등의 다양한 부품을 연결할 경우 로봇 등을 작동시킬 수 있다. 또한 물리적 차원의 신호를 감지하여 디지털로 변환할 수 있기 때문에 장난감, 사운드 구현, 교육 프로그램 등 다양한 곳에 적용하여 사용 가능하다. 오픈 소스 방식이므로 누구나 쉽게 접근하여 만들 수 있고 수정도 용이하다.

출처: 시사상식사전, pmg 지식엔진연구소, 박문각

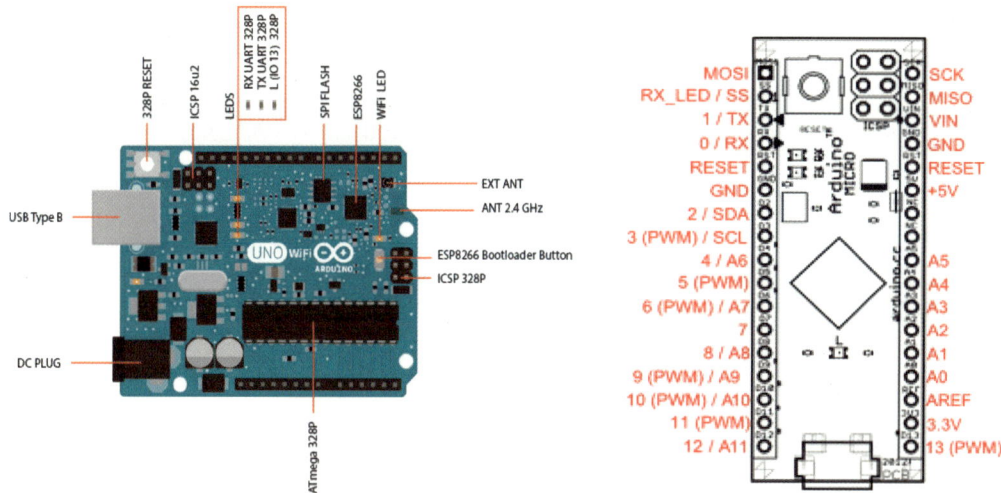

코딩 [coding]

컴퓨터 작업의 흐름에 따라 프로그램의 명령문을 사용하여 프로그램을 작성하는 일, 일의 자료나 대상에 대하여 기호를 부여하는 일

출처: 항공우주공학용어사전 네이버 지식백과

1) 3D 프린터를 활용한 제조공정

3D 프린팅 → 금형 → 양산 → 판매 → 소비자

3D 프린팅은 이 모든 소통 과정을 집약하여 이해할 수 있는 제조 공정의 축소판이며, 3D 프린터는 투자되는 시간과 비용을 절감할 수 있는 유용한 도구이다.

2) 3D 프린터를 적용한 크라우드펀딩 과정

3D 프린팅 시제품 → 투자 → 금형 → 양산 → 판매 → 소비자 → 신제품

위 참고자료를 통해 알 수 있듯이 크라우드펀딩을 통해 제품 생산에 필요한 자금을 모금할 수 있으며 이를 통해 실제 제품이 판매되고 있다.

최근 크라우드펀딩이 활성화 되고 있어 시제품 제작에 대한 중요성이 부각되고 있으며 3D 프린터의 역할이 더욱 중요해지고 있다. 잘 만든 시제품 하나가 사업 성공의 지름길이 될 수 있다.

> 크라우드펀딩(crowdfunding)은 소셜 네트워크 서비스를 이용해 소규모 후원이나 투자 등의 목적으로 인터넷과 같은 플랫폼을 통해 다수의 개인들로부터 자금을 모으는 행위이다. '소셜 펀딩'이라고도 하나, 정확한 용어는 아니다. 주로 자선활동, 이벤트 개최, 상품 개발 등을 목적으로 자금을 모집한다. 여기에는 투자 방식 및 목적에 따라 지분 투자, 대출, 보상, 후원 등으로 분류할 수 있다.
>
> 출처: 위키백과

⑤ 소비자와 소통

_ 3D 프린팅은 소통의 도구이다.

5-1 소비자와 소통 – 소비자와 커뮤니케이션

　제조업 과정에서 살펴본 바와 같이 양산 제품 하나를 생산하기는 정말 어려운 일이다. 기업이나 개인이 제품을 제조하는 최종 목적은 제품을 판매하여 이윤을 추구하는 것이다.
　물론 만들어진 제품을 소비자에게 판매하는 것도 쉬운 일은 아니다. 하지만 제품을 직접 만들어 본 사람은 제품의 장·단점과 제조원가, 생산 공정, 판매 시기, 개선점 등 제품의 가격 결정 요소에 대한 대처 방안이 이미 마련되어 있는 셈이다. 소비자가 원하는 구매 결정 요인이 가격인지 기능인지 디자인인지 서비스인지 불편함은 무엇인지 문제 해결에 대한 준비가 되어있으므로 대체상품이나 신상품을 발 빠르게 준비하여 소비자의 욕구를 만족시켜 브랜드에 대한 신뢰를 쌓을 수 있다.

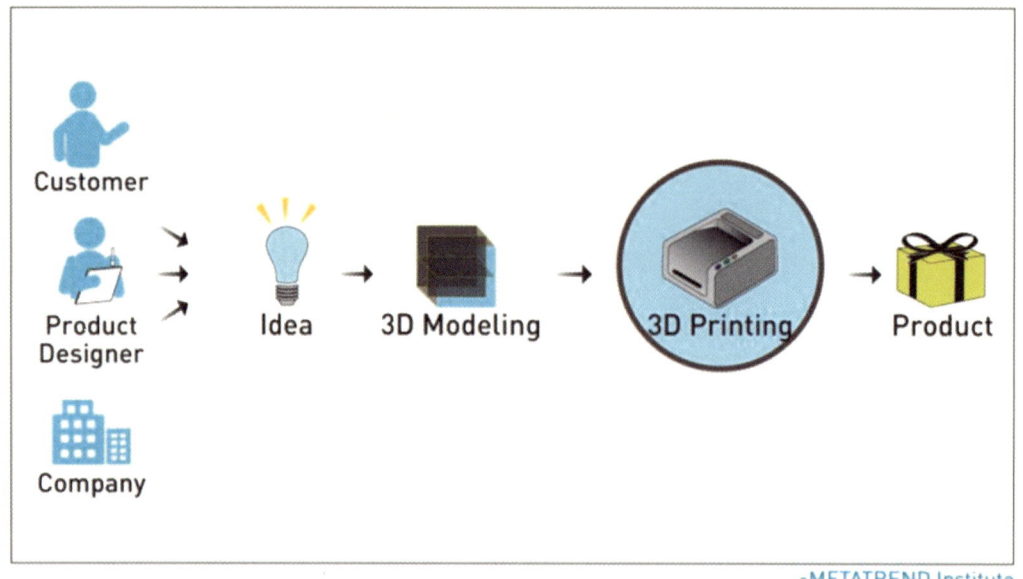
-METATREND Institute

　이처럼 3D 프린팅은 제조 창업뿐만 아니라 다양한 분야와 소통을 하기 위한 중요한 도구이다. 이 새로운 도구를 통해 더욱 전문화 된 서비스와 관련 산업이 발전하고 새로운 일자리를 창출하게 될 것이다.

❻ 4차 산업혁명

_ 제4차 산업 혁명(fourth industrial revolution, 4IR)

    제4차 산업혁명은 물리적, 생물학적, 디지털적 세계를 빅 데이터에 입각해서 통합시키고 경제 및 산업 등 모든 분야에 영향을 미치는 다양한 신기술로 설명될 수 있다. 물리적인 세계와 디지털적인 세계의 통합은 O2O를 통해 수행되고, 생물학적 세계에서는 인체의 정보를 디지털 세계에 접목하는 기술인 스마트워치나 스마트 밴드를 이용하여 모바일 헬스케어를 구현할 수 있다.

memo

CHAPTER

02

디자인 모델링

3D 프린터 운용기능사
CRAFTSMAN THREE OPERATIONAL PRINTERS D.

3D 프린터
운용기능사

CRAFTSMAN THREEOPERATIONAL
PRINTERS D.

3.D.
기.능.사.

CHAPTER
02 디자인 모델링

📦 3D 디자인 객체 형성하기

① 3D 소프트웨어 기능과 작업 방식

1-1 3D 모델링

1) 3D 프로그램의 종류 요약

모델링 프로그램	
Free	**Pay**
123D Catch	솔리드웍스
123D Design	라이노
Tinkercad	3D맥스
Meshmixer	유니그래픽스
123D Sculpt+	Z브러시

(1) 스케치 업(Sketch UP)

건축학과, 디자인학과, 조경학과, 조선공학과, 애니메이션과 디자인 관련 학과에서 기초과정으로 사용한다. 조작이 간단하고 속도가 빠르며 대량 편집을 위한 세부 기능이 부족하다. 만화, CG와 같이 그래픽의 라인을 추출하는데 탁월하며 벡터 포맷으로도 변환할 수 있다.

https://namu.mirror.wiki/

(2) 틴커캐드(Tinkercad)

오토데스크 틴커캐드는 3D 프린팅을 위한 3D 모델링에 최적화된 웹 기반의 CAD 소프트웨어로 복잡한 형상을 손쉽게 디자인할 수 있는 환상적인 초보자용 프로그램이다. WebGL을 지원하는 모든 웹 브라우저에서 작동하므로 PC에 별도로 설치할 필요가 없으며 모든 데이터가 클라우드 서버를 통해 관리되므로 언제 어디서나 동일한 작업 환경에서 사용할 수 있다. 깔끔한 인터페이스와 심플한 기능, 직접 따라하면서 익히는 튜토리얼 방식을 채택하여 초보자도 쉽고 빠르게 배울 수 있다.

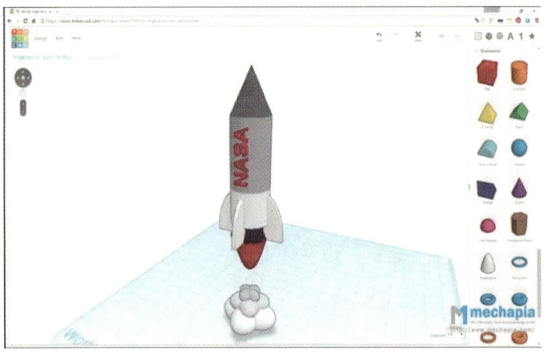

➕ [3D 프린팅 교재] 오토데스크 틴커캐드 TinkerCAD + 3D 프린팅

(3) 3D MAX(3D Studio MAX)

실무 사용자가 가장 많은 3D 소프트웨어이며, 국내 3D 그래픽 관련 업계에서 마야(MAYA)와 함께 사용처, 사용빈도, 사용자 수가 많다.

게임 그래픽 디자인 분야, 애니매이션, 건축학적 렌더링 등 다양한 분야에서 사용하고 있다.

http://aghatutorials.com/

(4) 퓨전 360(Fusion 360)

Fusion 360은 제품 개발을 위한 클라우드 기반의 3D CAD, CAM 및 CAE 플랫폼이다. 이 제품에는 산업 및 기계 설계, 시뮬레이션, 협업 및 기계가공이 하나의 패키지로 결합되어 있다. Fusion 360의 도구를 사용하면 컨셉 설정에서부터 제작까지 아우르는 통합 도구 세트를 통해 디자인 아이디어를 쉽고 빠르게 구상할 수 있다. 설계를 결정한 후에는 맞춤 및 동작을 검증하기 위해 조립품을 제작하고 모양을 확인하기 위해 사실적 렌더링과 애니메이션을 생성하여 설계를 엔지니어링할 수 있다.

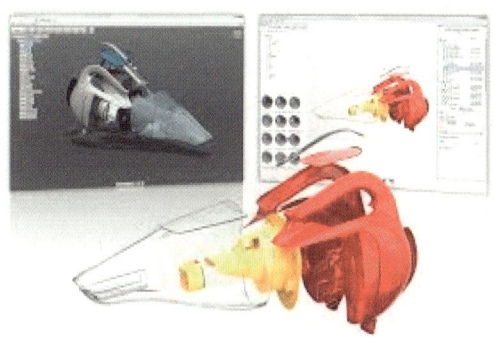

http://www.autodesk.co.kr/

(5) 솔리드웍스(Solid Works)

솔리드웍스는 소프트웨어 이름(SolidWorks)에서도 알 수 있듯이 철저히 기계 내부 설계 위주의 툴이며 비교적 최근 버전까지 서피스 모델링이 불가능했다. 그나마 조금씩 지원하고 있는 서피스 모델링도 지극히 기본적인 수준으로, 복잡하고 유기적으로 생긴 모델링 표현이 힘들다.

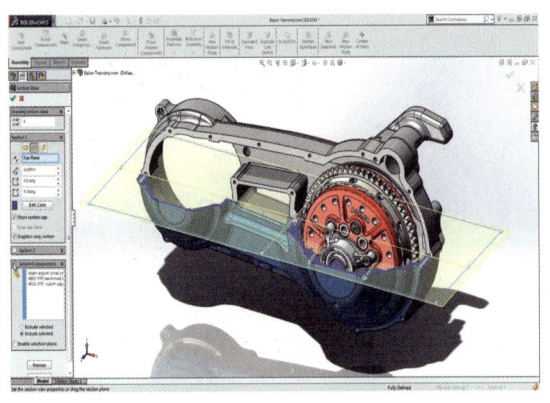
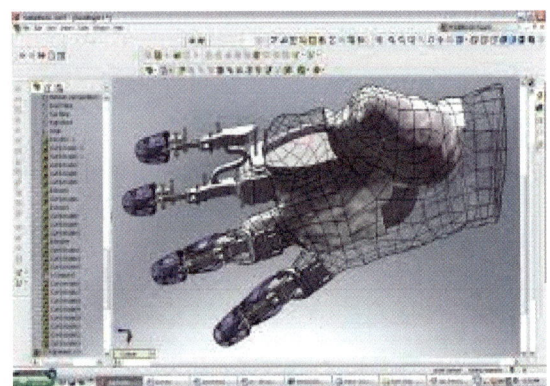

https://namu.wiki/w/SolidWorks

(6) 라이노 Rhinoceros 3D

건축, 산업 디자인(예 자동차 설계, 선박 설계), 제품 설계(예 CAD), CAD(Computer-Aided Manufacturing), CAM, 신속한 프로토 타이핑, 3D 인쇄 및 리버스 엔지니어링의 프로세스에 사용된다. 보석 디자인뿐만 아니라 멀티미디어 및 그래픽 디자인 분야에서 사용 중이다.

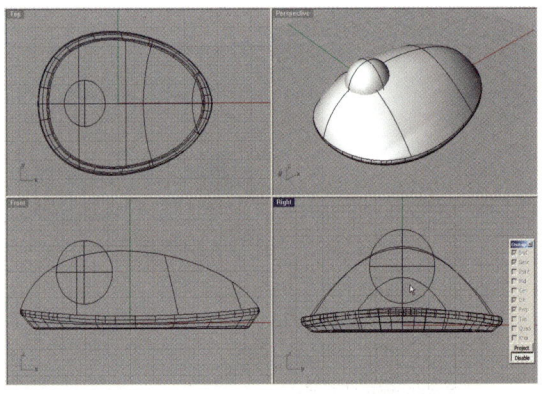

HTTP: wikipedia.org/wiki/Rhinoceros_3D

(7) 기타 3D 모델링 프로그램

[3D Impact! Pro] 웹페이지를 위한 3D 소프트웨어
[3DMatrix] 폴리곤 편집 프로그램
[ACIS 3D Geometric Modeler] 3D 모델링, 표면작업 도구
[Adobe Dimensions] 레스터와 포스트스크립 출력 기능
[Alias/Wavefront] 산업디자인과 자동차 디자인을 위한 3D 소프트웨어
[AIR] 애니메이션, 이미지 렌더링
[Animation Master 99] 디지털 캐릭터 애니메이션
[Animax] 라이트웨이브 메타도어 관리기
[Bryce] 3D 지형 만들기
[Cinema 4D] MAC을 위한 실시간 3D 모델링
[Corel Dream 3D 8] 스플라인 기반의 3D모델링과 렌더링
[Cult 3D] 인터넷과 멀티미디어를 위한 실시간 3D
[Deep Exploration] 3D 모델 뷰어, 변환기
[Deep Paint 3D/Texture Weapons] 3D 모델 텍스쳐링과 페인팅의 최신 기술
[Form Z] 솔리드, 표면 편집기
[Houdini 3-D] 3D 그래픽, 애니메이션, 특수 효과
[Imagine] 고성능의 3D 애니메이션/렌더링 시스템
[Intelligent Modeler] 애니메이션 소프트웨어
[Lightwave] 전문가용 3D 모델링과 애니메이션
[Maya] 3D 캐릭터 애니메이션과 시각 효과
[Merlin 3D] 3D 모델링, 렌더링, 애니메이션 소프트웨어
[Mirai and Nendo] 애니메이션, 렌더링, 2D, 3D 페인팅
[ModelMint3D] 솔리드 기반의 물체 도안기
[MS MacroSystem] 과학적인 입체 시각화 소프트웨어
[Onyx Computing] 나무, 식물 제작 소프트웨어
[Organica] 물방울 모델링
[Pixel 3D/3D Magic] 입체 스크린세이버, 로고 제작
[Pixels 3D] 입체 모델링, 애니메이션 소프트웨어
[Poser] 인간 캐릭터, 동물캐릭터의 구성, 애니메이션
[quick3D] 진보된 3D 파일 뷰어, 변환기
[Radish Works Cosmos Creator] 웹기반의 2D, 3D 양방향 개체 제작

[Rational Reducer] 전문가용 3D 모델 최적화기, 감소기.
[Softimage] 전문가용 3D 모델링, 애니메이션
[Solid Thinking] nurbs, 폴리곤 모델링
[STRATA 3D] 3D 모델링, 렌더링, 애니메이션
[TurnTool] 웹기반의 양방향 실시간 3D
[World Builder – Animatek] 전문가용 지형 제작 툴
[XARA 3D] 입체 로고와 웹 그래픽
[ZBrush From Pixologic] 참신한 3D 모델 페인팅
[AC3D] SGI, suns, linux를 위한 3D 개체/장면 제작기
[Breeze Designer] 윈도우 nt를 위한 32비트 입체 모델링
[CALIMAX] 윈도우르 95와 nt4.0을 위한 32비트 3D 모델링 툴
[DesignWorkshop Lite] mac과 pc를 위한 디자인 기반의 3D 모델링
[Genesis] 32비트 3D 모델링 툴
[MODELpress] 3D 캐드 모델의 웹 출판과 시각화 시스템
[POVRAY] 윈 95와 nt용 레이트레리스 렌더러
[quick3D] 진보된 3D 파일 포맷 뷰어

(8) 3D 모델링 시스템의 중요성

컴퓨터의 발달과 더불어 소프트웨어 기술 및 이론의 발달로 여러 분야에서 컴퓨터의 활용이 증대되어 왔고 건축 분야도 다양화되고 있다. 컴퓨터가 자동제도를 위한 측면에서 주로 이용되었으며 이는 설계 작업에서 도면작성에 소요되는 시간과 노력을 CAD 시스템을 이용하여 감소시키고, 컴퓨터의 활용이 설계자의 의사결정을 위한 도구로서 보다는 도면작성의 자동화에 더 적절하다고 인지되었기 때문이다. 그러나 컴퓨터 및 프로그램 방식의 발달은 고급기종의 CAD 시스템을 출현시켰으며 더불어 CAD 시스템을 이용한 설계에 대한 인식이 자동 도면 작성뿐만 아니라 설계과정에서의 대안 분석 및 평가 도구로서의 활용성이 증대되었다. 이러한 목적을 위하여 건축물을 3차원 형상으로 나타내고 조작하는 3D 모델링 시스템이 개발되어 사용되고 있다.

그러나 근래에 와서 CAD 시스템의 발달로 인하여 점차 2D 시스템과 3D 시스템의 구분이 없어지고 2D 시스템에도 3D 기능이 추가되어 3D 모델링이 가능하도록 개발되어 사용되는 추세이다. 물론 3D 시스템에서도 2차원 작업이 가능하다. 따라서 2D 시스템과 3D 시스템과의 구분은 어느 차원을 중심으로 개발되었는가로 구분 지어진다. 입력 작업 시 2D 시스템은 2차원적 도형요소와 라이브러리를 사용하고 3D 시스템은 이와 달리 주로 설계물

의 요소를 3차원적인 도형 부품요소를 이용하여 입력한다. 이전 활용되었던 CAD 시스템은 2D 전용 시스템으로 개발되어 3D 기능이 추가된 좋은 예이다.

(9) 3D 모델링 시스템의 구분

3D 모델링 시스템은 모델의 3차원 형상 표현 기법에 따라 선처리(wireframe) 방식, 면처리(surface) 방식, 구체처리(solid) 방식으로 분류할 수 있다.

1-2. 3D 작업지시서 작성

작업 지시서 작성을 위해 제작하고자 하는 물체에 대한 디자인 요구 사항, 영역, 길이, 각도, 공차, 제작 수량에 대한 정보를 도출해야 한다.

1) 수행과정

(1) 제작 개요를 작성한다.

① 물품명과 제작 방법
② 제작 소요기간 및 수량

(2) 제작을 위한 디자인 요구사항 작성한다.

① 모델링 과정에 대해 작성
② 제작시 주의사항 문제점 작성

(3) 제작을 위한 지시서를 작성한다.

① 모델링 크기를 작성
② 각 부분의 가로, 세로, 높이 등의 치수 값을 도출
③ 각 부분의 두께 및 형상 라인 작성
④ 결합 부분의 부위 표시
⑤ 도출 정보를 바탕으로 도면 작성

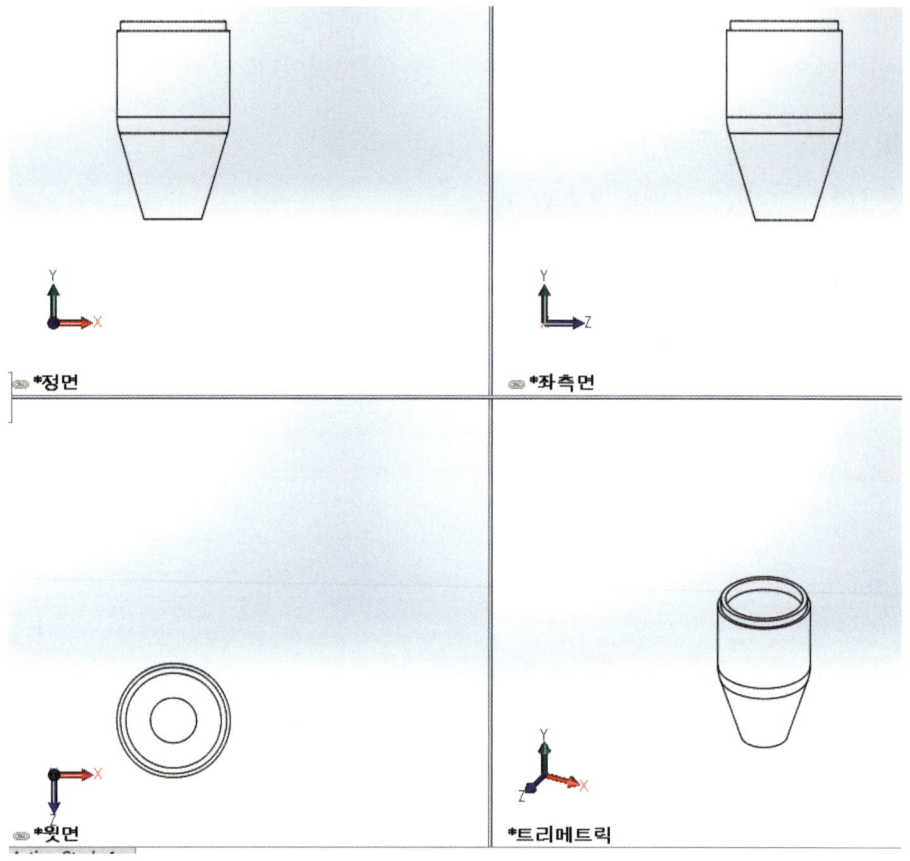

✚ 도출 정보를 바탕으로 도면 작성

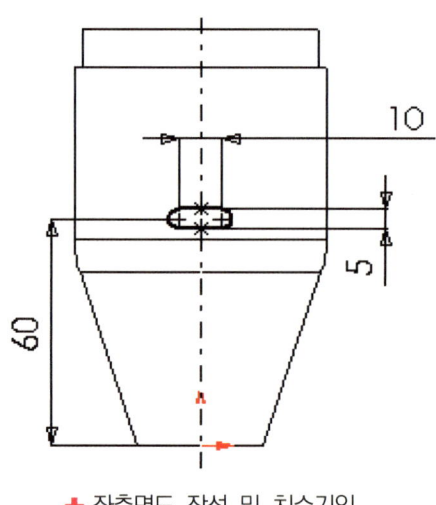

✚ 좌측면도 작성 및 치수기입

✚ 모양 크기 도면화

1-3 3D 객체 형성

3D 디자인 소프트웨어를 이용하여 사물이나 가상의 물체를 3D 객체로 표현할 수 있다. 3D 디자인 소프트웨어는 2차원 좌표 공간에 깊이가 추가된 3차원 좌표계를 사용하여 3D 객체를 생성한다. 3D 디자인 소프트웨어의 주요 기능으로는 3D 객체 모델링과 편집, 재질 입히기, 랜더링 기능이 있다.

- **2D 스케치**: 작업 지시서를 통해 3D 형상을 만들기 위한 사전 작업단계로 2D 도구 툴을 이용하여 스케치 작업을 한다. 2차원 생성과정이며, 기본적으로 선, 원, 호, 사각형, 다각형, 텍스트 등의 2D 객체를 지원한다.
- **3D 객체 만들기**: 2D 스케치 작업이 완료된 후 3D 객체 생성도구를 활용하여 점, 선, 라인 등 초기 작업에 의한 기본 도면을 가지고 돌출, 스윕, 회전, 로프트의 소프트 웨어에서 지원하는 도구 툴로 작업을 하는 과정이다.

1) 3D 디자인 객체 조립하기

각 객체 작업이 완료되면 하나의 공간으로 불러들여 조립을 작업을 한다.
여러 개의 형상을 불러들여 하나의 객체로 병합 위치에 맞게 조립하는 과정을 말한다.

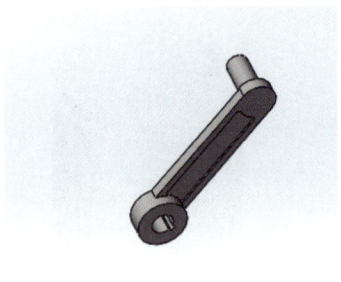

❷ 객체 형상 데이터 조립

2-1 3D 스캐너

1) 3D Scanning 정의

3D 스캐닝(3D Scanning)은 비 접촉식 장비를 이용하여, 물체의 3D 형태를 측정하는 방법이다. 3D 스캐닝은 레이저를 발사하여 물체에 맞고 돌아오는 시간으로부터 물체까지의 거리를 측정하는 방식과 특별히 고안된 패턴 광을 이용하여 물체까지의 거리를 측정하는 방법이다.

2) 3D 스캐너의 종류

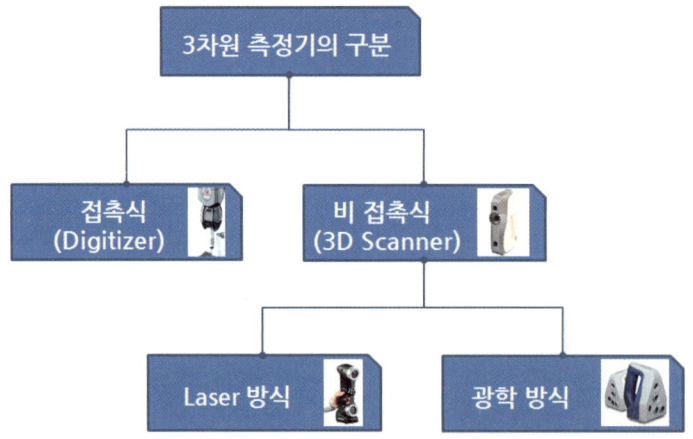

(1) 접촉식(Digitizer) 3차원 좌표 측정기(CMM)

Touch Probe를 이용한 접촉식 좌표 측정기로 정확도가 높은 반면에 측정 속도가 매우 느리고 측정 가능한 사물의 재질과 크기에 한계와 장비들의 크기가 매우 크다는 단점이 있다.

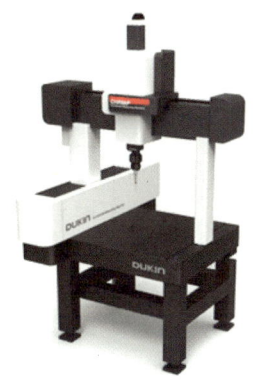  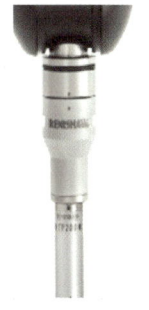 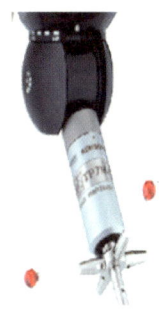

(2) 비 접촉식(3D Scanner) Laser 방식

 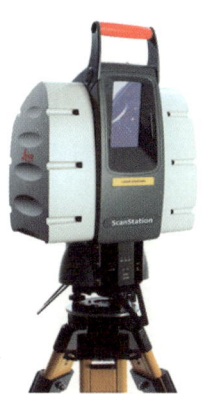

Laser Point를 이용한 광삼각법으로 가장 널리 사용되고 안정적이며, 다양한 산업에 활용되고 있지만, 측정 속도가 느리고 측정물에 대한 난반사에 취약한 점이 있다.

(3) 비 접촉식(3D Scanner) 광학 방식

백색광의 할로겐 램프를 이용하는 방식을 최근 들어 정확도가 크게 향상되었고, 다양한 크기의 장비들과 높은 정확도를 강점으로 활발히 활용되고 있는 방식이다. 다만, 검은색과 난반사 재질들의 측정에는 불편함이 있다.

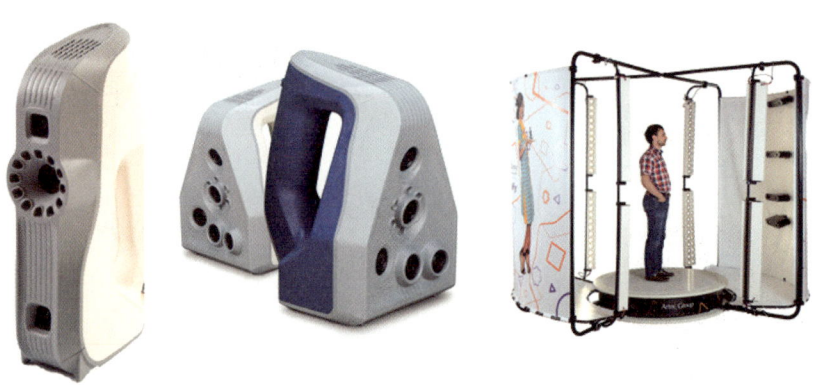

3) 3D Scanning 적용 분야

(1) 문화재 복원

문화재에 손상을 입히는 물리/화학적인 작업을 하지 않고, 문화재와 유물의 현재 원형을 그대로 데이터화하여 향후 문화재의 손실 시 복원하며 문화유산의 한 종류로 데이터를 보존한다.

(2) 산업분야

자동차, 의료, 건축/토목, 항공, 조선, 금형 등 다양한 분야에서 3D 스캐너로 데이터 추출, 복원, 복제, 개발에 활용되고 있다.

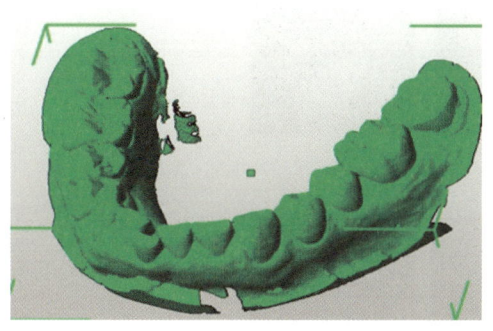 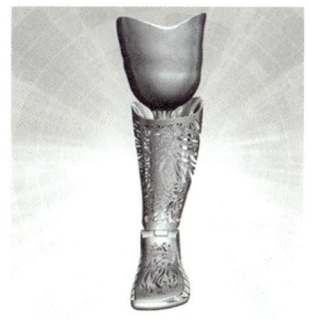

(3) 역설계(Reverse Engineering)

대부분의 산업분야에서 3D 스캐너를 이용한 역설계를 바탕으로 정확한 데이터 값을 구해 손실된 데이터를 찾거나, 제품들의 구조 개선, 분석 등의 이유로 많이 사용되고 있다.

(4) 디자인

캐릭터, CG 그래픽, 인체 모형, 제품 개선 등의 목적으로 활용되고 있는 분야로 최근에는 사람과 동일한 피규어 등을 제작하는 등 활발하게 이루어지고 있다.

4) 3D Scanning 작업 과정

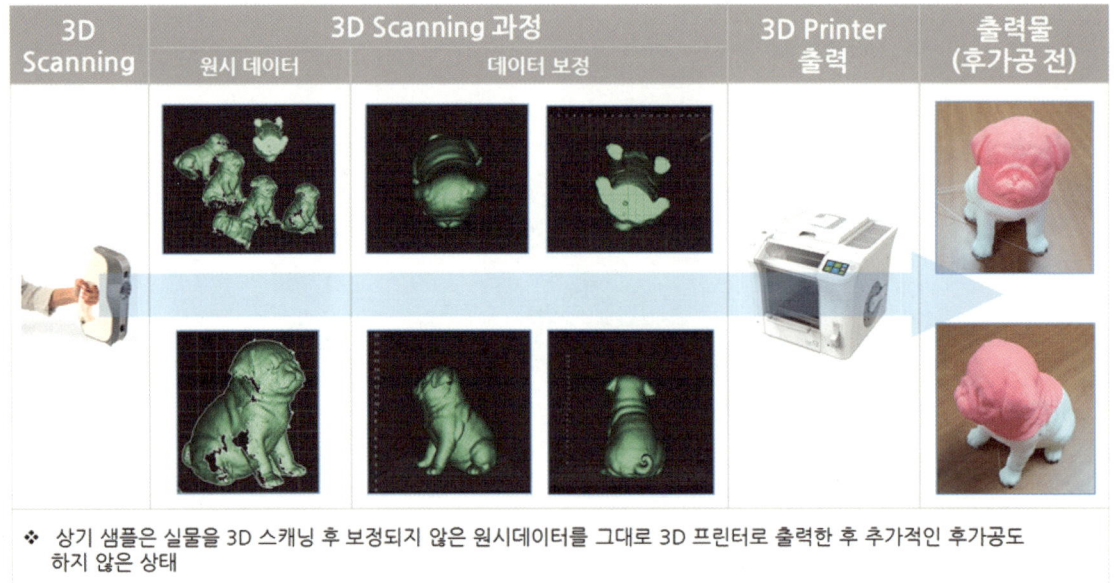

❖ 상기 샘플은 실물을 3D 스캐닝 후 보정되지 않은 원시데이터를 그대로 3D 프린터로 출력한 후 추가적인 후가공도 하지 않은 상태

(1) 3D Scanning 사례

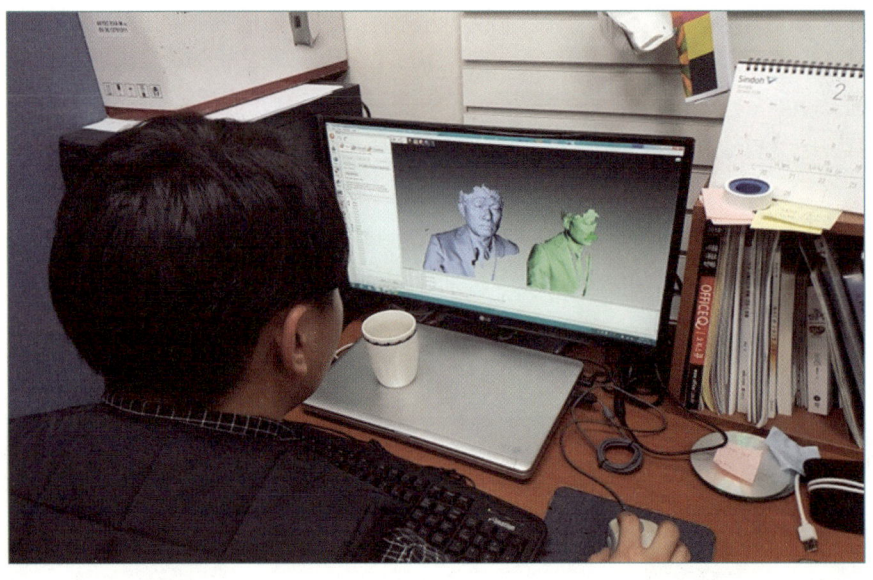

스캐닝 된 원시데이터를 기반으로 3D 모델 신규 제작 Zbrush 등의 툴을 이용하여 모델링을 보정 스캐닝 된 원시데이터에 간략 보정 후 출력 사례

FDM 출력 + 후가공 無   CJP 출력물 + 후가공

스캐닝된 원시데이터에 간단한 보정작업을 하여 출력함으로써 최단시간(1일 이내)에 3D 모델이 완성되나 모델의 정확도나 품질은 높지 않다.

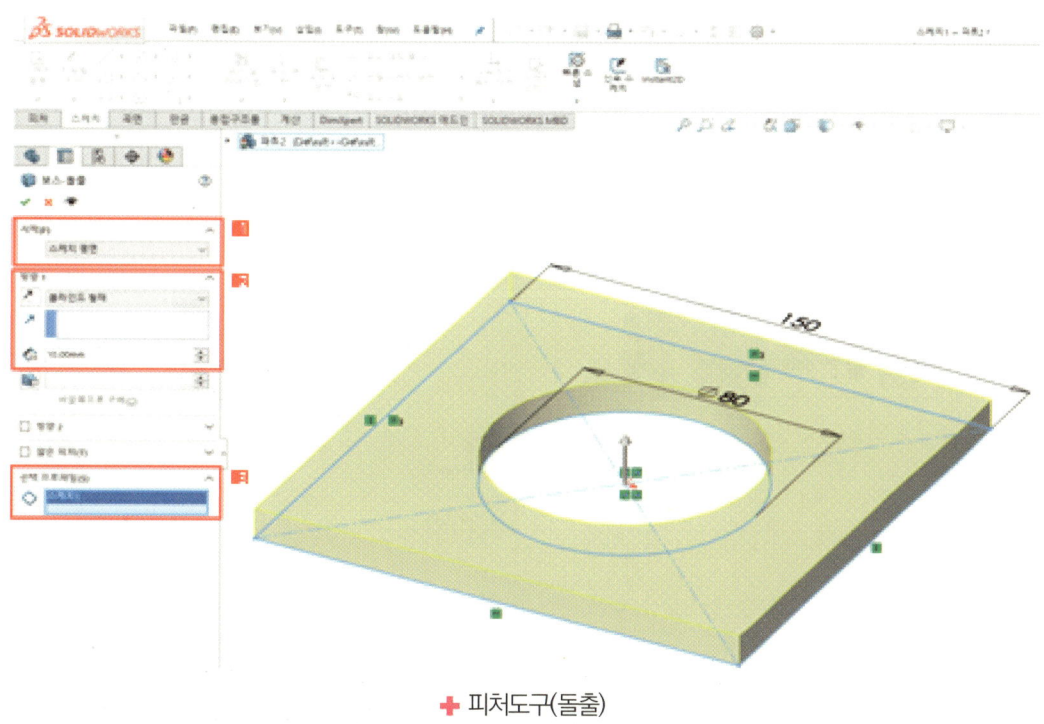

➕ 피처도구(돌출)

2-2. 형상 데이터 검증

1) 전체 형상의 모양과 크기 비교

작업완료 도면과 조립된 3D 형상의 크기와 모양을 비교한다.

2) 평면도, 정면도, 우측면도 도면과 형상 비교

view 모드 도구 툴을 활용하여 형상을 비교·분석 한다.

3) 각 부분 수치 비교

각 부분의 크기, 두께, 각도 등을 면밀히 검토하여 차이점이 없는지 확인해야 한다.

4) 조립 부위의 연결 비교

하나의 객체로 조립이 되었는지 확인하고 조립 부위의 연결이 자연스러운지 검토해야 한다.

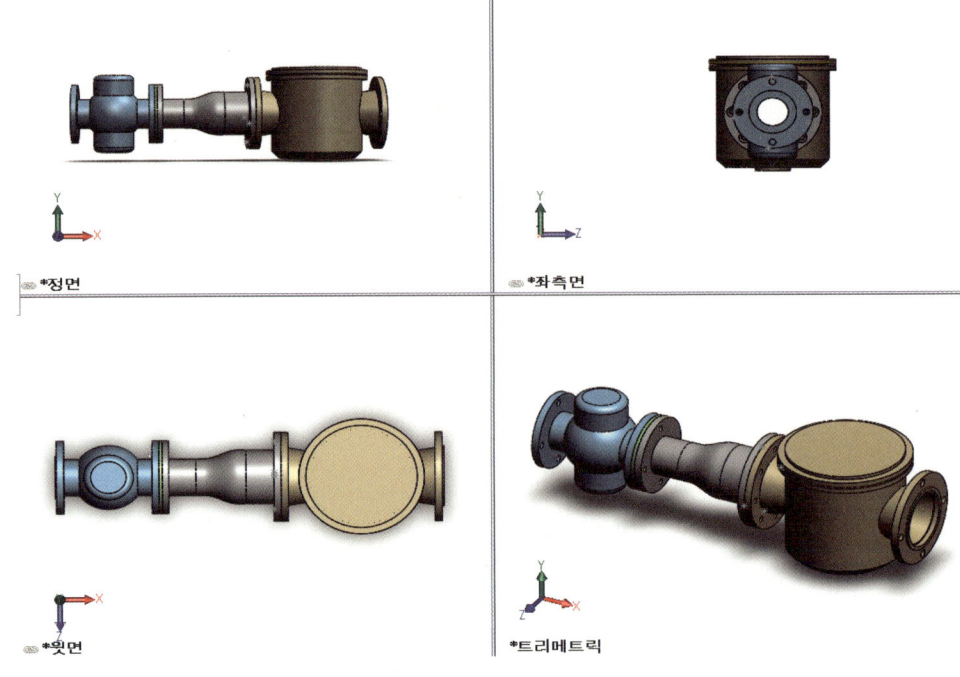

2-3. 형상 데이터 수정

※ 데이터 수정 방법

1) 데이터 분석하기

작업지시서의 도면과 3D 형상 모델링과의 차이점 분석

2) 수정방법 선택하기

차이점 분석 후 3D 디자인 소프트웨어의 기능 도구 툴을 활용하여 분석 데이터를 적용하여 수정한다.

3) 수정하기

선택도구 방법과 작업지시서의 도면과 일치하도록 수정한다.

4) 수정 확인하기

수정이 이루어졌는지 검토 확인 한다.

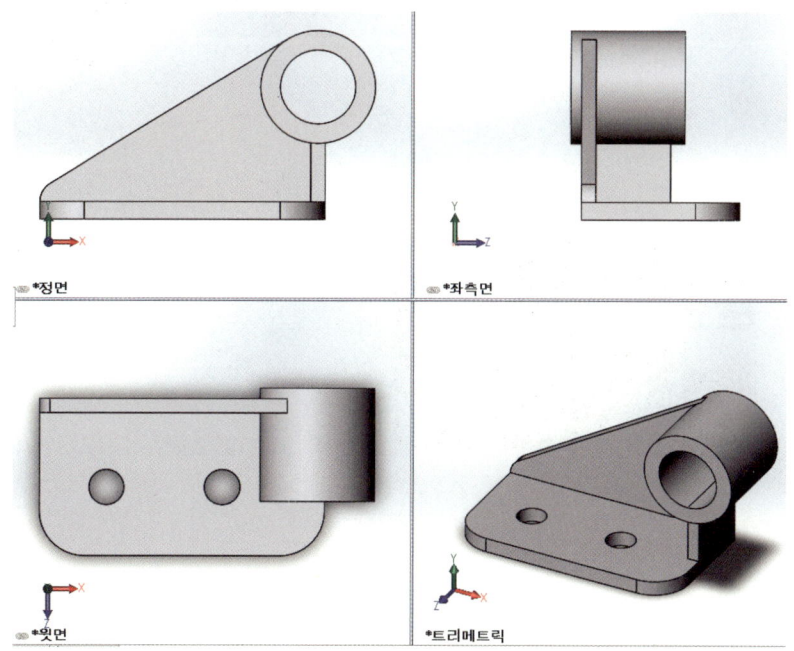

③ 출력용 디자인 수정하기

3-1. 형상 데이터 변경

3D 프린터에 따라 출력 가능 레이어가 다르다. 특정 3D 프린터의 출력 레이어를 고려하여 제작한 경우라면 문제가 없겠지만, 3D 모델링 데이터를 출력할 프린터의 정밀도에 맞추어 데이터를 변경해야 한다. 출력할 3D 프린터의 특성을 고려하지 않고 정밀하게 모델링된 데이터의 경우 가장 작은 부분의 크기가 0.1mm 정도이고, 3D 프린터의 출력 가능 해상도가 0.4mm인 경우에는 3D 모델링 데이터를 최소 0.4mm 이상으로 변경해야 한다. 3D 디자인 소프트웨어의 스케일 기능을 이용하여 두께와 크기를 변경한다.

3-2. 형상 데이터 분할

　3D 프린터는 기기마다 최대 출력 사이즈가 정해져 있다. 최대 출력 크기보다 큰 모델링 데이터는 분할 출력의 과정을 거쳐야 한다. 분할 출력이란 하나의 3D 형상 데이터를 나누어 출력하는 것이다. 출력물이 3D 프린터의 최대 출력 사이즈를 넘으면 분할 출력을 해야하고, 이 경우에는 분할 출력 후 다시 하나의 형태로 만들어지는 것을 고려하여 분할 해야 한다.

3-3. 출력용 데이터 저장

1) FDM 방식

FDM 방식을 지원하는 출력 소프트웨어 Cura, Makerbot, Meshmixer 등에서 자동 서포트가 실행된다.

2) DLP 방식

DLP 방식을 지원하는 출력 소프트웨어 Meshmixer, B9Creator, Stick+ 등에서 자동 서포트를 지원하거나 직접 서포트를 설치할 수 있다. 서포트를 모델에 직접 설치하면 자동으로 설치하는 것에 비해 소재의 비용 절감과 함께 높은 품질의 출력물을 얻을 수 있다.

3) SLA 방식

자동 서포트를 지원하고 직접 서포트도 설치할 수 있다. 광원이 다른 점 외에는 DLP와 비슷하기 때문에 DLP 출력 보조 소프트웨어 B9Creator, Stick+ 등에서 서포트를 설치할 수 있다.

4) 3D 프린팅을 위한 고려 사항

(1) 외곽선의 끊김을 확인

3D 프린팅을 위한 모델링 데이터는 모든 면이 닫혀 있어야 한다. 3D 프린팅에서 모든 출력은 폴리곤 모델링으로 전환해 출력하게 되므로 메쉬의 갈라짐에 유의해야 한다. 별도의 메쉬 점검 프로그램을 사용하여 끊김을 확인할 수 있다.

(2) 두께 지정

두께를 지정하지 않으면 내부를 모두 채워 출력하게 된다. 모든 면에 두께를 주는 것이 재료를 아끼고 형태 변형을 줄이는 방법이다.

(3) 정확한 치수를 확인

정확한 치수로 각 부품을 모델링한 후 출력하여 각 부품을 조립하면 실제 사용 가능한 제품을 제작할 수 있다. 재료의 수축률은 일일이 알기 어렵다. 따라서 정확한 치수에 따른 모델링을 하고 재료의 수축률로 생기는 오차에 대비하는 것이 좋다.

(4) 슬라이싱 간격

슬라이서 프로그램에서 프린팅 설정 시 Z축의 최소치와 최대치를 알아야 한다. 적층 높이의 수치가 낮을수록 출력물 품질은 좋아지지만 프린팅 속도는 느려진다. 보통 0.2~0.3mm 간격으로 적층 높이를 설정하면, 거칠지만 상대적으로 빠른 속도로 결과를 얻을 수 있다. 0.1~0.15mm의 높이는 좋은 품질의 출력물을 얻을 수 있다.

(5) 내부 채움

기본 채움 정도는 20%로 재료의 온도 변화에 따른 수축률과 속도, 강도를 테스트한 경험에서 나온 수치이다. 이것을 기본값으로 프린팅해 본 후 필요에 따라 채움의 정도를 변경하는 것이 좋다. 내부 채움 방식 설정은 경험치에 의한 것이므로 많은 시험 출력이 필요하다. ABS 재료는 수축률이 크고 PLA 재료는 수축률이 적다.

5) 출력용 데이터 저장 작업과정

(1) STL 파일로 저장한다.

3D 모델링 데이터를 3D 프린터 출력 표준 파일인 STL 파일로 변환하여 저장한다.

(2) 슬라이서 프로그램으로 연다.

STL 파일을 슬라이서 프로그램에서 열어 출력 데이터로 저장할 준비를 한다.

(3) 출력을 위한 속성을 설정한다.

출력을 위한 정밀도, 채움 방식, 속도 등을 설정한다.

(4) 서포트를 설정한다.

✚ 모델링 파일 검증

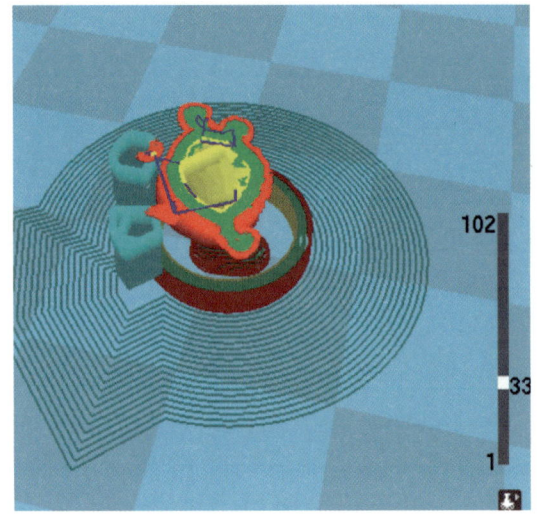
✚ 슬라이서 프로그램으로 자동서포터

CHAPTER

03

엔지니어 모델링

3D 프린터 운용기능사
CRAFTSMAN THREE OPERATIONAL PRINTERS D.

3D 프린터
운용기능사

CRAFTSMAN THREEOPERATIONAL
PRINTERS D.

CHAPTER 03 엔지니어 모델링

① 2D 스케치하기

1-1. 3D 엔지니어링 소프트웨어 기능 파악

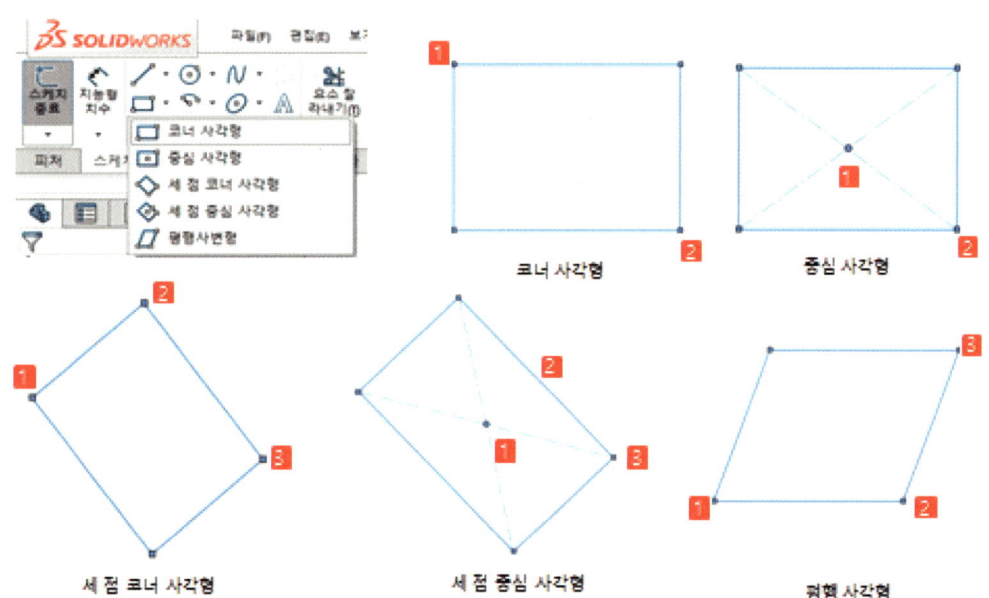

- 사각형 도구는 다섯 가지 작성 방식이 있으며, 2~3클릭으로 사각형을 완성합니다.

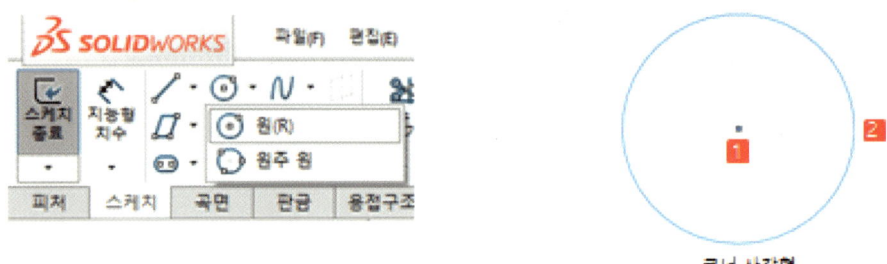

- 원 스케치는 두 가지 작성 방식이 있으며, 원(R) 방식을 일반적으로 사용합니다.

1-2. 정투상도 선택 드로잉

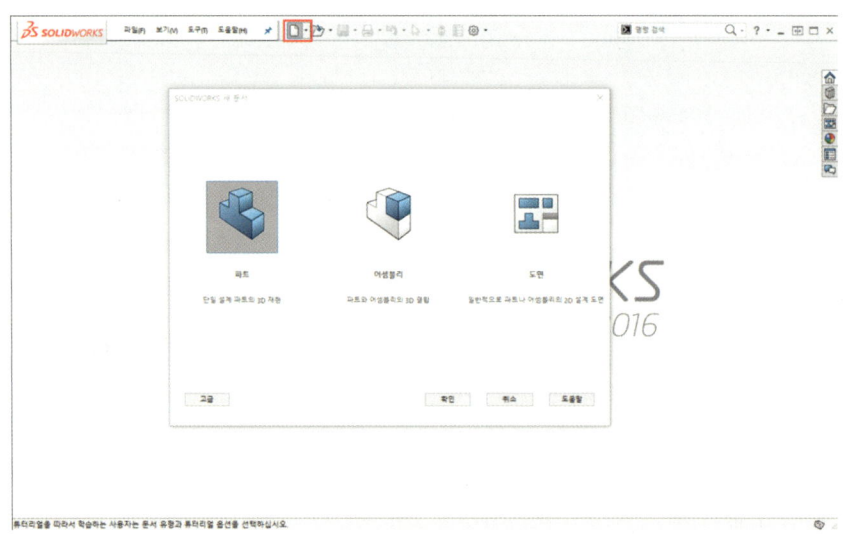

　새 문서 실행하면 다음과 같이 <파트>, <어셈블리>, <도면> 총 3가지 작업으로 구성되어 있다.

1-3. 구속조건 여부

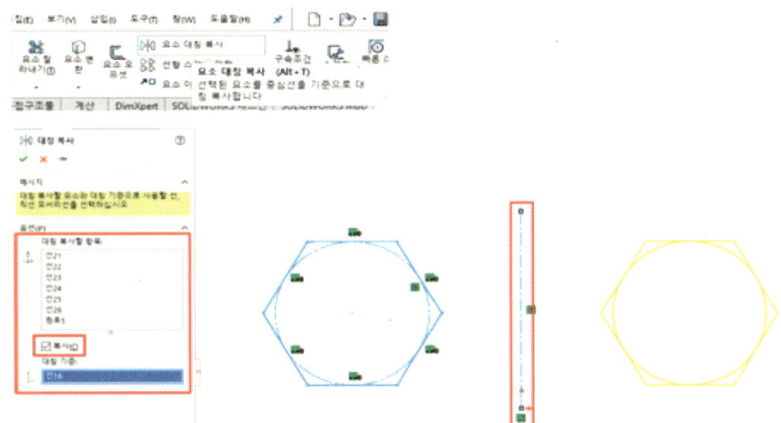

- 중심선을 기준으로 완성된 스케치를 대칭 복사합니다.
- 대칭에 사용한 중심선을 삭제하면 대칭구속조건도 함께 삭제됩니다.

❷ 3D 엔지니어링 객체 형성하기

2-1. 파트 제작 순서와 드로잉 입체화

(1) 원점을 한쪽 모서리로 가지는 사각형을 돌출시키고 다음과 같이 치수를 기입한다.

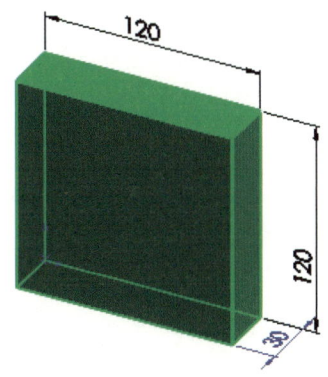

(2) 돌출 보스/베이스(피처 도구 모음)을(를) 클릭한다.

정면, 윗면, 우측면이 표시되고 포인터로 바뀝니다. 포인터를 평면에 가져가면, 평면 테두리가 강조 표시된다.

(3) 정면을 선택합니다.

- 정면의 방향이 사용자쪽으로 변경된다.
- 스케치 도구 모음 명령이 CommandManager에 표시된다.
- 스케치가 정면에서 열린다.
- 코너 사각형(스케치 도구 모음)을 클릭한다.
- 포인터를 스케치 원점으로 이동한다.
- 포인터를 원점으로 가져가면, 포인터 모양으로 바뀐다.

(4) 원점을 클릭하고 포인터를 위, 오른쪽으로 끕니다. 사각형의 현재 치수가 표시된다.

- 치수가 정확히 일치하지 않아도 된다.
- 다음 중 한 방법으로 코너 사각형 도구를 해제한다.
- 현재 사용하고 있는 도구의 버튼을 클릭한다.
- Esc를 압축한다.
- Enter를 압축한다.
- 사용하고자 하는 다음 도구의 버튼을 클릭한다.
- 선택(표준 도구 모음)을 클릭한다.

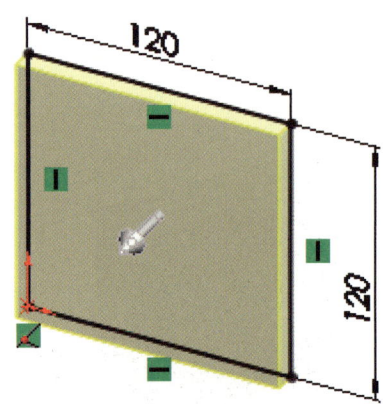

(5) 스케치 종료(스케치 도구 모음)를 클릭한다.

보스-돌출(PropertyManager)이 왼쪽 화면에 나타나고, 스케치 뷰가 트리메트릭으로 바뀌며 돌출 미리보기가 그래픽 영역에 표시된다.

(6) PropertyManager의 방향1 아래에서, 블라인드 형태에서 마침 조건을(를) 선택한다. 깊이를 30으로 설정한다.

(7) 모델을 중심으로 하는 보스를 돌출시키고 다음과 같이 치수를 기입한다.

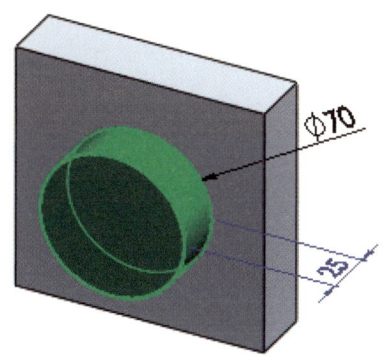

(8) 입체화 피처 명령

돌출 보스/베이스	굽힘
회전 보스/베이스	곡면 포장
스윕	동적 단면 평면
로프트	Instant3D
바운더리 보스/베이스	기능 억제
두껍게	기능 억제 해제
돌출 컷	종속 피처와 함께 기능 억제 해제
회전 컷	선형 패턴
스윕 컷	원형 패턴

🔲	로프트 컷	⊢•⊣	대칭 복사 피처
🔲	바운더리 컷	⚙	곡선 이용 패턴
🔲	두꺼운 피처 컷	🔲	스케치 이용 패턴
🔲	곡면으로 자르기	🔲	테이블 이용 패턴
🔲	모깎기	🔲	채우기 패턴
🔲	Chamfer	🔲	가변 패턴
🔲	보강대(Rib)	🔲	분할(T)
🔲	배율	🔲	교차
🔲	쉘	🔲	합치기

2-2. 부품명 속성 부여

1) 파일 속성

3D 엔지니어링 프로그램에서의 파일은 부품 하나에 하나의 파일로 이루어지고 있으며, 두 개 이상의 부품을 하나의 파일로 저장할 수 없다.

그래서, 하나의 부품이 완성되면 반드시 3D 엔지니어링 프로그램에서 제공하는 저장 기능을 이용하여 컴퓨터 로컬디스크 또는 이동식 저장 장치에 저장하여야 한다. 또한 하나의 부품으로만 이루어지는 경우도 하나 이상의 부품과 조립품, 도면까지 이루어져야 하는 경우 많은 파일을 수월하게 관리하는 것이 무엇보다 중요하다. 일반적으로, 모델링을 시작하기 전 로컬디스크나 이동식 저장 장치에 미리 저장될 폴드를 생성해 놓고 작업하는 경우도 있으며, 최소 부품을 모델링 후, 원하는 저장 위치에 직접 폴더를 생성하고 저장해도 무관하다.

또한, 부품에 대한 속성이 정의되지 않으면 파일명이 부품명으로 사용되므로 저장할 때 적용하고자 하는 부품명으로 파일명을 지정하여 저장한다.

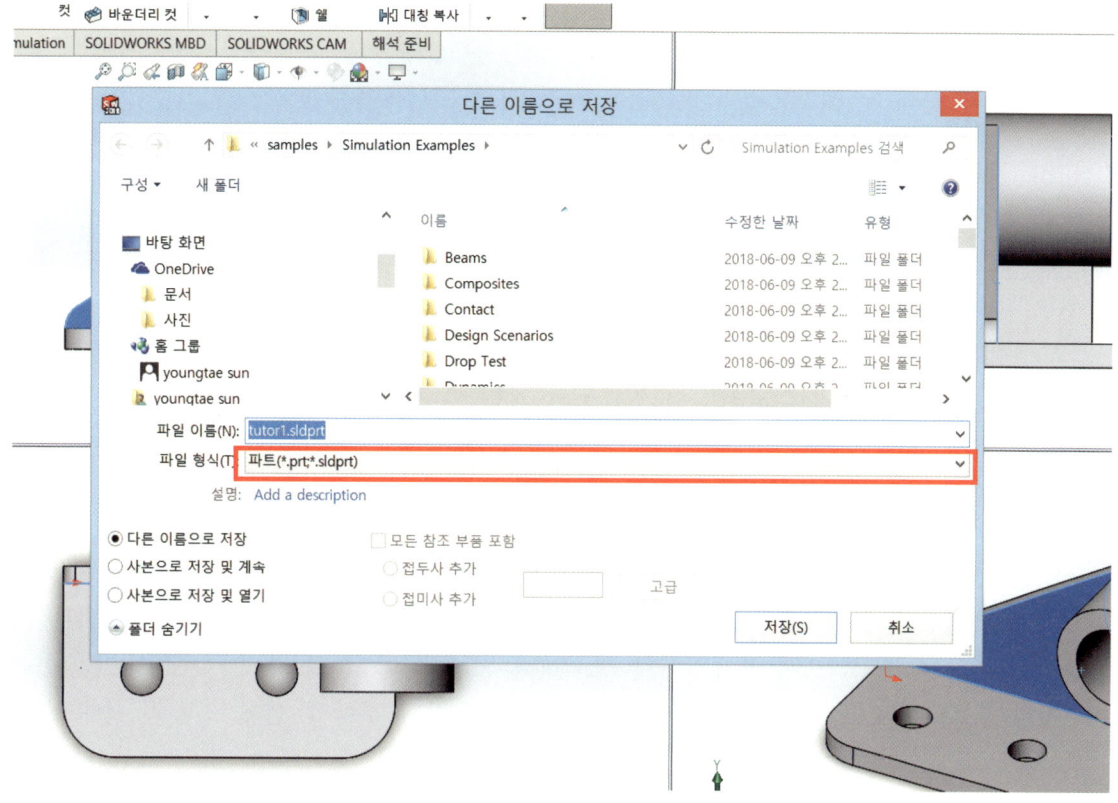

2) 3D 프린팅을 위한 부품 파일 저장

 일반적으로 3D 엔지니어링 프로그램에서의 저장 기능은 해당 프로그램의 작업 원본 파일을 저장하는 기능으로, 3D 프린팅을 위한 슬라이싱 프로그램과는 파일이 호환되지 않는다. 그러므로 저장된 원본 부품을 3D 프린터로 출력하기 위해서는 부품의 파일 형식을 슬라이싱 프로그램에서 받을 수 있도록 변경해 주어야 한다.

③ 객체 조립하기

3-1. 파트 배치

1) 조립품

모델링한 각각의 부품으로 하나의 조립품을 구성하기 위해 시작의 [기계 디자인]의 [Part Design], [어셈블리 디자인], [도면] 등의 기능을 사용해야 한다.

2) 조립품 부품배치

일반적으로, 조립품은 상향식 방식과 하향식 방식으로 크게 나누어진다. 상향식 방식은 파트를 모델링해 놓은 상태에서 조립품을 구성하는 것을 말하는 것이고, 하향식 방식은 조립품에서 부품을 조립하면서 모델링하는 방식이다.

상향식 방식으로 조립을 하기 위해서는 우선 모델링된 부품을 현재 조립품 상태로 배치를 해야 한다.

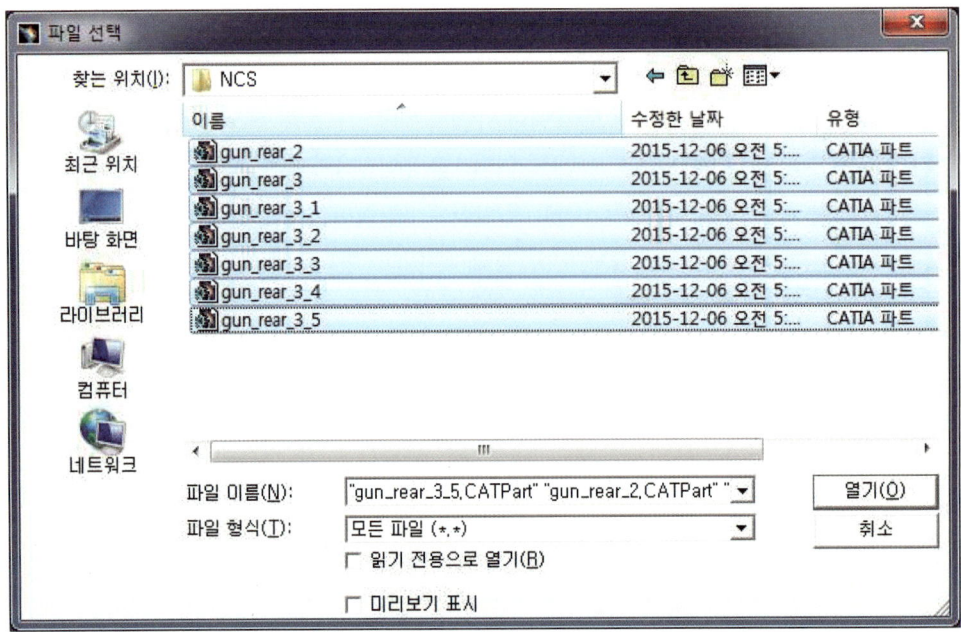

3-2. 파트조립

1) 조립품 생성

조립품에 배치된 부품을 이용하여, 조립 순서와 조건에 맞게 조립품을 생성한다.
부품 조립 또한 조립 구속 조건에 의해서 부품간 조립이 이루어진다.

2) 구속 조건

3D 엔지니어링 프로그램에서 제약 조건은 디자인 변경 및 수정 시 발생하는 문제를 최소화시킬 수 있으며, 부품 간 동작을 확인해 볼 수 있도록 해 준다.

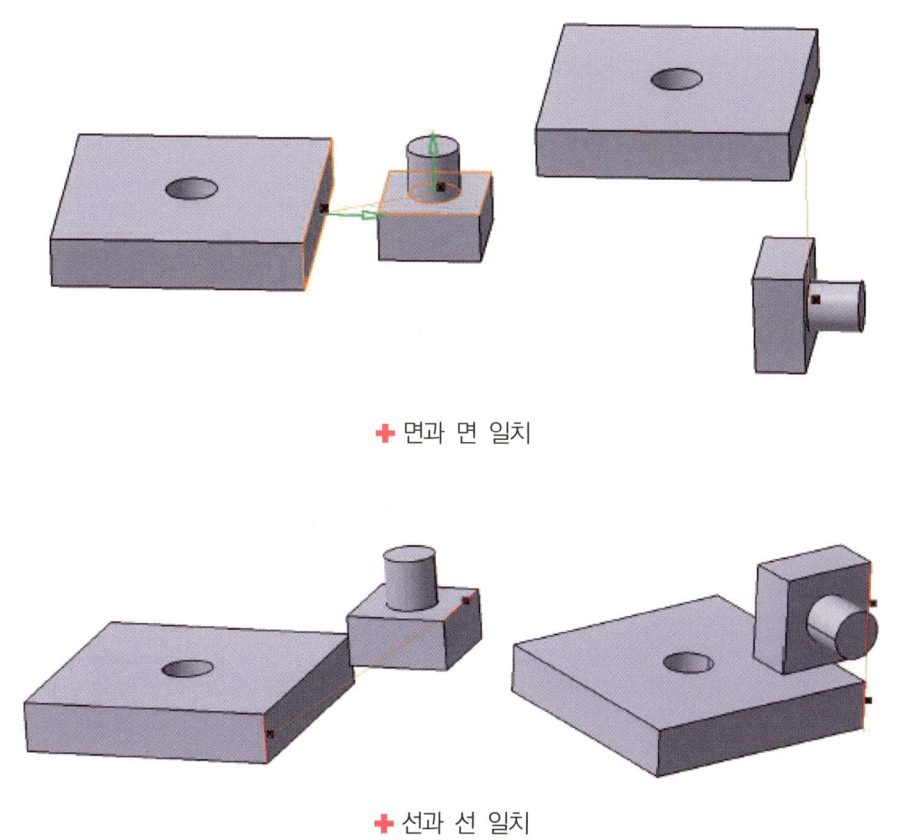

➕ 면과 면 일치

➕ 선과 선 일치

치수/구속조건 도구 모음과 도구, 치수와 도구, 구속조건 메뉴에는 치수를 부가하고 구속조건을 부가 또는 삭제하는 도구가 있습니다. 해당 메뉴에 모든 버튼이 있는 것은 아닙니다.

- 지능형 치수
- 모따기 치수
- 수평 치수
- 스케치 완전 정의
- 수직 치수
- 구속조건 부가
- 기초선 치수
- 구속 자동
- 좌표 치수
- 구속조건 표시/삭제
- 수평 좌표 치수 = 같은 값 찾기
- 수직 좌표 치수 ─ 변경된 치수 독립 표시
- 각도 실행 치수 ∑ 경로 길이 치수

3-3. 파트 수정

1) 간섭 분석

(1) 조립된 부품 간의 문제점을 분석하기 위해서는 3D 엔지니어링 프로그램에서 제공하는 간섭 분석 명령을 이용하여 부품의 잘못된 부분을 확인할 수 있으며, 분석된 내용을 토대로 잘못된 부품을 수정할 수 있다.

(2) 부품 수정

설계상 오류가 발생한 부품은 부품 하나를 직접 프로그램으로 열거나, 파트 하나를 지정하여 조립 상태에서도 수정이 가능하다.

(3) 간섭 탐지를 실행할 때 체결부품 나사산 사이의 간섭이 보고된다. 대개 이러한 간섭은 무시하려는 게 일반적이다.

(4) 일치하는 나사산 표시 폴더를 작성하여 적절히 일치하는 나사산 표시를 사용하여 부품 간의 간섭을 분리할 수 있다. 체결부품 폴더를 따로 작성하여 체결부품과 관련된 모든 간섭을 분리할 수 있다.

④ 출력용 설계 수정하기

4-1. 공차, 크기, 두께 변경

1) 부품 수정

3D 엔지니어링 프로그램을 통해 모델링된 부품을 3D 프린터로 출력하기 위해서는, 우선 몇 가지 출력 사항을 알고 그에 맞도록 부품을 수정할 수 있어야 한다.

일반적으로 알고 있고 사용하는 3D 프린터 출력 방식은 FDM(Fused Deposition Modeling, 열가소성 적층 방식)으로, ABS나 PLA계열로 되어 있는 플라스틱을 노즐 안에서 높은 온도로 녹여 적층한다.

즉, 플라스틱을 녹여 쌓아올리는 방식으로, 모든 물체에 열을 가하고 식으면서 나타나는 열 수축 현상이 FDM 3D 프린터에서 발생한다.

하나의 물체만을 3D 프린터로 출력한다면 있는 그대로 출력할 수 있지만, 하나 이상의 부품을 출력하고 차후 출력된 부품을 조립할 경우 3D 엔지니어링 프로그램에서 모델링된 부품을 그대로 출력하면 수축과 팽창 공차에 의해서 조립이 되지 않는다.

3D 프린터 출력 후, 조립이 되어야 되는 상황에서는 모델링된 파트를 출력 후, 조립이 가능할 수 있도록 모델링을 수정해야 하며, 3D 프린터 특성상 너무 작은 구멍이나, 기둥, 면의 두께를 가지고 있는 형상 벽면 같은 경우 원활한 출력을 위해 부품을 수정해야 한다.

부품 수정은 부품 수정 기능을 이용하거나 개별 부품을 열기해서 수정할 수 있다.

2) 출력 공차 적용

3D 엔지니어링 프로그램에서의 모델링은 기본적으로 공차가 발생하지 않는다. 이는 설계에서의 통상적인 모델링 형태이며, 작성된 모델링을 토대로 실제 가공에서는 가공 공차를 부여하여, 제품을 제작하는 사람이 부여된 공차를 토대로 가공하여 제품을 만드는 것이 일반적이다.

기하 공차 속성 대화 상자를 이용하여 DimXpert 기하 공차를 정의하고 편집할 수 있다. DimXpert에서 속성 대화 상자를 사용하면, 활성 도면 규격에 맞게 필터와 검사 옵션이 제공된다.

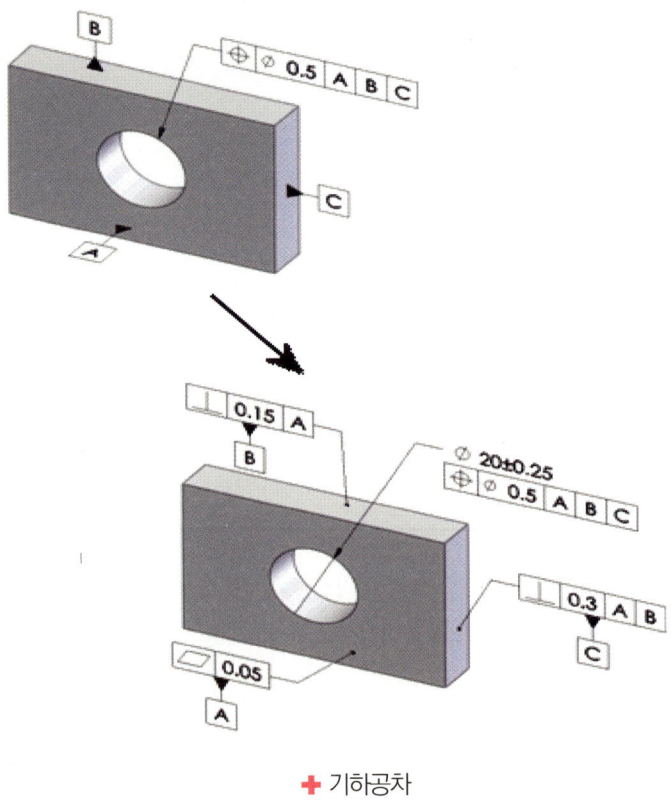

+ 기하공차

4-2. 파트분할

   3D 엔지니어링 프로그램에서 모델링된 형상을 실제 제품화하기 위해서는 모델링된 형상을 100% 그대로 가공할 수가 없다. 가공이 가능하다 하더라도 금형을 통해 형상을 실체화할 수 있는 기술적 방법이 없다. 그래서 3D 엔지니어링 프로그램에서 모델링된 형상을 이용하여 금형을 제작할 수 있도록 모델링 형상을 분할하여 금형을 제작하고 제조 공정에 따라 제품을 생산하게 된다.
   3D 프린터의 경우, 일반적인 금형과는 다르게 금형으로 표현할 수 없는 제품의 형상도 손쉽게 출력이 가능하지만, 3D 프린터 장비가 가지고 있는 특수성으로 인해, 3D 프린터로 출력할 모델링 형상 또한 분할하여 출력하고, 출력된 2개 이상의 파트 조각을 붙여서 하나의 완성된 형태로 만드는 경우가 발생한다.
   적층 방식으로 출력이 되는 모든 3D 프린터는 형상을 제대로 출력하기 위해서 지지대를 생성하는데, 이 지지대를 제대로 제거할 수 없는 형상의 경우에 파트를 분할하여 출력한다.

분할 PropertyManager를 사용하여 파트를 여러 개의 바디로 분할하는 방법
① 파트에서 파트를 바디로 분할할 때 사용할 스케치를 작성합니다.
② 분할(피처 도구 모음)을 클릭하거나 삽입 > 피처 > 분할을 클릭합니다.

잘라내기 곡면 요소들을 선택해서 파트를 여러 바디로 자르는데 사용한다.

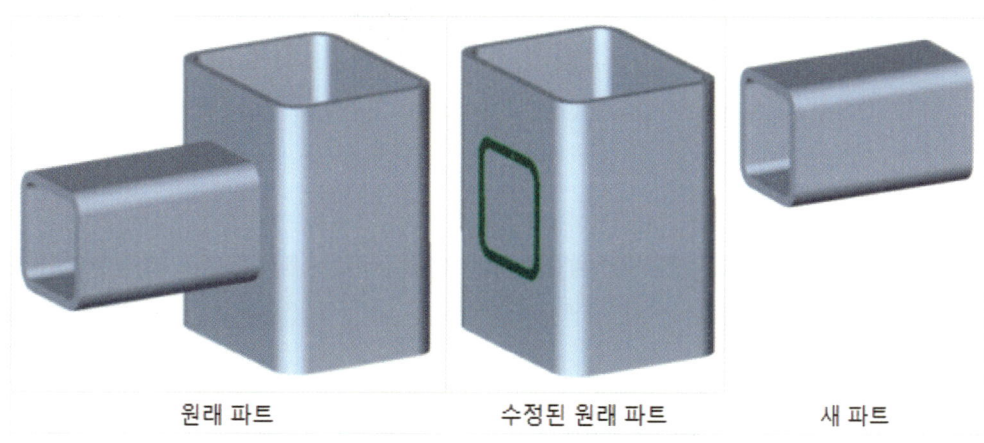

✚ 3참조 평면(평면은 아무 방향으로나 무한대로 늘어난다)

스케치(스케치는 양 방향으로 돌출된다)

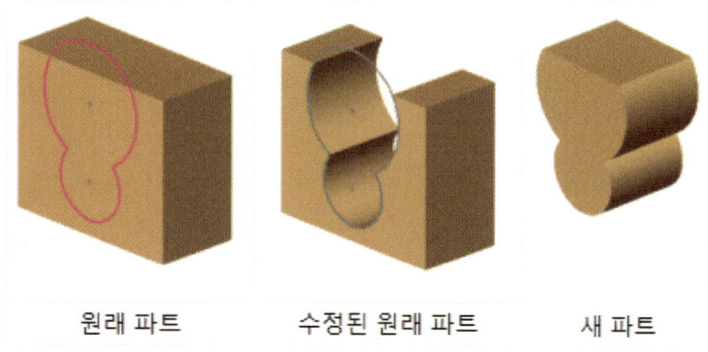

참조 곡면과 비평면 모델면(테두리가 늘어나지 않는다. 참조 곡면이나 비평면 모델면 상에 있는 안쪽 구멍은 파트를 분할 할 때 막힌다.)

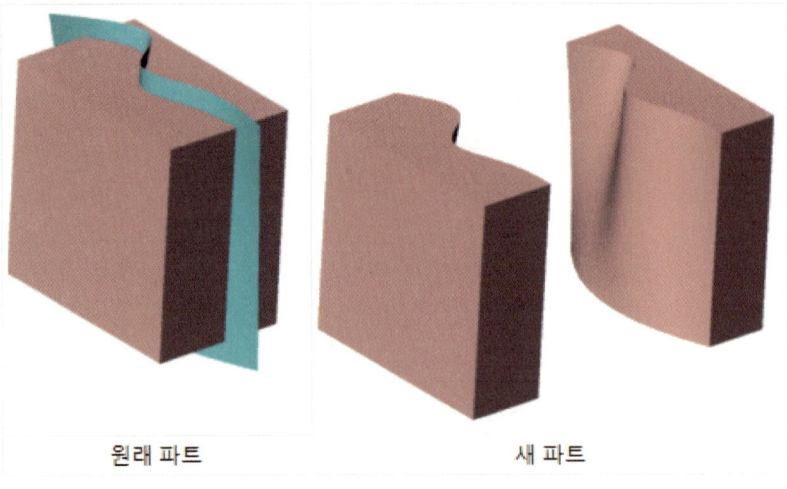

➕ 파트 자르기

잘라내기 도구 지오메트리를 사용해서 파트를 여러 바디로 자른다. 파트에 분할 선이 나타나며 분할 후에 생기는 바디를 보여준다(단일 바디 파트에 나타난다).

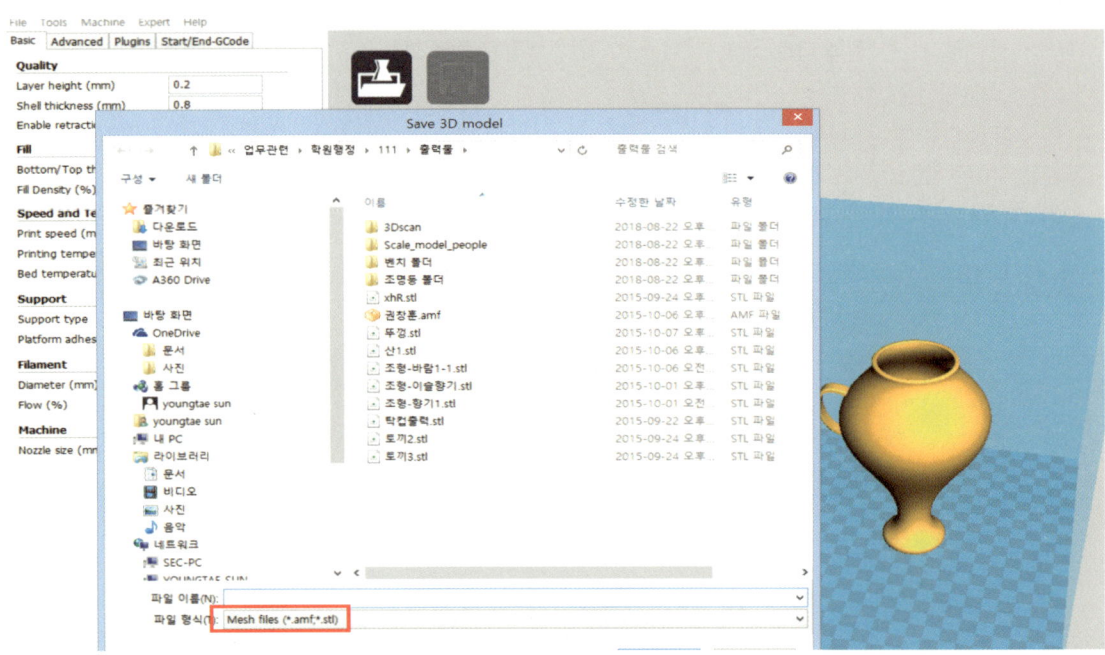

➕ 확장자: STL 저장

4-3. 모델링 데이터 저장

1) STL 파일

　STL 파일은 3차원 데이터를 표현하는 국제 표준 형식 중 하나로 대부분의 3D 프린터에서 입력 파일로 많이 사용되고 있는데 이 파일의 형식을 창안한 사람은 3D 시스템즈의 공동 설립자 '찰스 훌'이라고 한다. STL은 입체 물체의 표면 즉, 3차원 형상을 무수히 많은 3각형 면으로 구성하여 표현해 주는 일종의 폴리곤 포맷이기 때문에 삼각형의 크기가 작을수록 고품질의 출력물 표면을 얻을 수 있는 것이다. STL 파일은 곡면을 표현하기가 곤란하지만 3각형의 분할 수를 많이 늘려서 보다 섬세한 삼각형으로 그려내면 거의 곡면과 유사한 형상이 된다. STL 파일의 생성은 보통 3D CAD 프로그램에서 export(내보내기)로 저장할 수 있는데 STL 포맷으로 저장할 때 폴리곤의 분할 수를 지정할 수 있는 소프트웨어도 있지만 보통은 3D 프린터로 출력하는 경우 기본 설정만으로도 큰 문제는 없을 것이다.

　최근 3D CG(컴퓨터 그래픽) 프로그램들에서는 STL 포맷을 지원하는 경우가 늘었지만 예전의 프로그램에선 STL 포맷을 지원하지 않는 것들이 많다. 이런 경우 우선 OBJ 포맷 형식으로 저장한 후에 freeware인 MeshLab 등을 사용하여 STL 포맷으로 변환하면 된다.

　STL 포맷은 모델의 컬러(색상)에 대한 정보는 저장하지 않으며 오직 한가지 색상만으로 저장하는데 여러 가지 색상의 컬러 출력이 가능한 석고 분말 방식의 3D 프린터는 STL 포맷이 아니라 색상 정보의 보존이 가능한 PLY 포맷이나 VRML 포맷의 3D 데이터를 사용한다.

memo

CHAPTER

04

출력용 데이터 확정

3D 프린터 운용기능사
CRAFTSMAN THREE OPERATIONAL PRINTERS D.

3D 프린터 운용기능사

CRAFTSMAN THREEOPERATIONAL PRINTERS D.

CHAPTER 04 출력용 데이터 확정

3.D.
기.능.사.

① 문제점 파악하기

1-1. 파일의 종류와 특성을 검토

1) 국제표준 파일: STL(*.STL)

STL 포맷은 삼각형의 세 꼭짓점이 나열된 순서에 따른 오른손 법칙(Right hand rule)을 사용한다. 유한 요소 mesh generation 방식을 사용하여 3D 모델을 삼각형들로 분할한 후 각각의 삼각형으로 출력하고 쉽게 STL 파일로 출력할 수 있기 때문에 특별한 해석 없이 사용할 수 있다.

2) 아스키(ASCII)코드 형식

문자열을 사용하여 형상을 표현

3) 바이너리(Binary)코드

80byte의 Head information과 4byte의 전체 면들(facets)의 개수에 각 삼각형 facet을 3개의 float형으로 정의한 normal vector 좌표와 9개의 float형으로 정의한 vertex 좌표 정보로 표현된다.

4) AMF(Additive Manufacturing File)

AMF(Additive Manufacturing File) 포맷은 XML에 기반해 STL의 단점을 다소 보완한 파일 포맷이다.

5) OBJ

OBJ 포맷은 3D 모델 데이터의 한 형식으로 기하학적 정점, 텍스처 좌표, 정점 법선과 다각형 면들을 포함한다.

1-2. 오류검출 프로그램을 선택

1) netfabb 오류를 볼 수 있다.

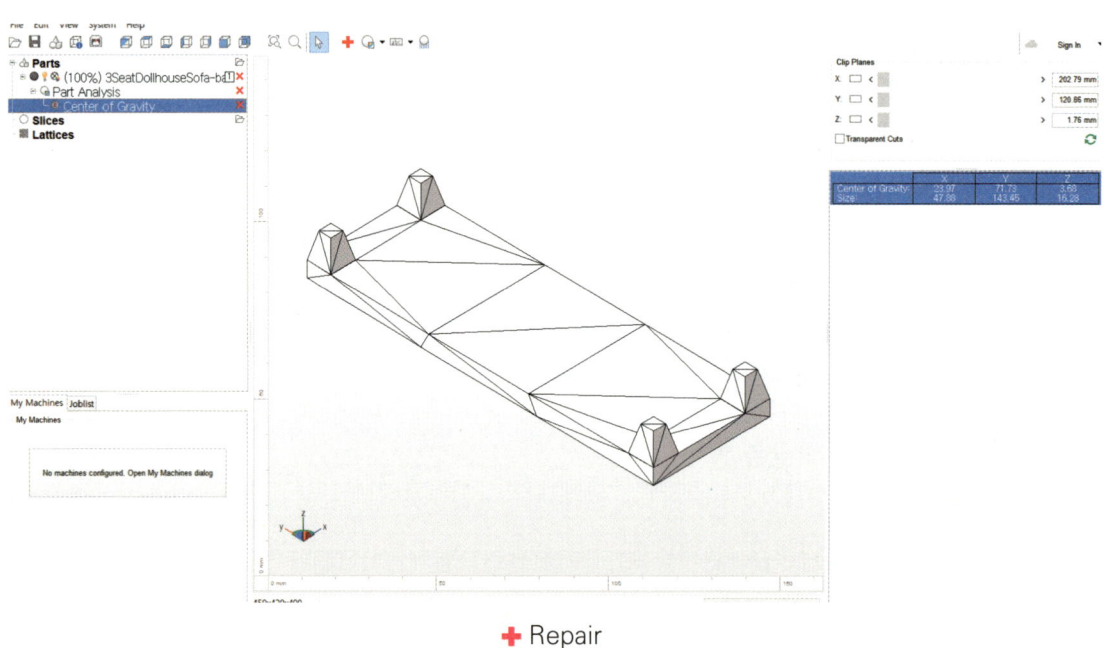

+ Repair

2) 오류를 확인한다.

- Angle Threshold: 오브젝트 돌출부분을 지지하기 위한 값을 설정
- Contact Tol: Convert to Solid 선택 시 지정된 거리만큼 오브젝트와 생성된 Solid Mesh (Support)의 관계를 설정
- Y-Offset: 3D 프린터의 빌드 위에 올려지는 거리를 설정

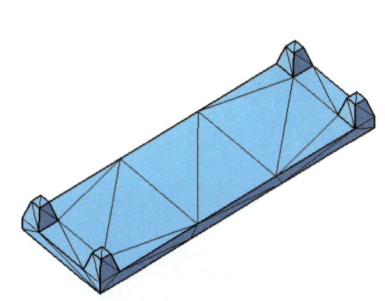

3) 오류를 확인한다.

- Angle Threshold: 오브젝트 돌출부분을 지지하기 위한 값을 설정
- Contact Tol: Convert to Solid 선택 시 지정된 거리만큼 오브젝트와 생성된 Solid Mesh(Support)의 관계를 설정
- Y-Offset: 3D프린터의 빌드 위에 올려지는 거리를 설정

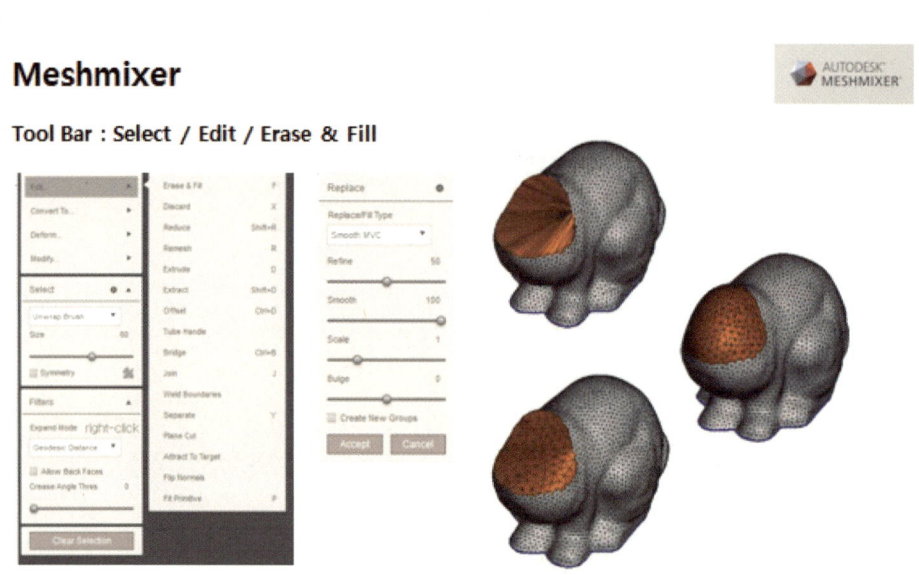

1-3. 출력용 파일 오류 검사

- [Inspector] 설정 창에는 [Hole fill mode]과 [Small Thresh]이 있다.
- [Hole fill mode]는 구멍이 있는 곳을 어떻게 채울 것인지 설정하는 기능이다.
- [Minimal Fill]로 최소한의 메쉬로 구멍을 채워 주고, [Flat Fill]로는 많은 삼각형으로 채우지만, 구멍을 평평하게 채워주며 [Smooth Fill]으로 모델의 곡면을 따라서 부드럽게 메쉬로 채워 준다.
- [Small Thresh]의 값을 조정하면 허용 오차의 개념으로 어떤 값 미만, 이하의 오차는 구멍인 오류로 어떤 값 초과, 이상의 오차는 단절된 매쉬인 오류로 나타내어 준다.
- 단절된 메쉬를 [Small Thresh] 값을 바꿔 오류를 구멍으로 바꾼 뒤 자동 오류 수정을 하면, 단절된 메쉬에서 구멍으로 바뀐 메쉬는 원래 모델과 이어지지 않고 혼자 남게된다. 이런 경우에는 꼭 필요한 부분이 아니라면 단절된 메쉬로 놔두고 자동 오류 수정을 해야 한다. 설정을 끝내고 [Auto Repair All]을 눌러 주면 오류 수정이 된다.

❷ 데이터 수정

2-1. 오류 수정기능 수행

1) Support Generator

- **Max Angle**: 프린팅에서 지원되는 서포트의 최대값을 설정
- **Density**: 서포트의 밀도 설정
- **Layer Height**: 서포트의 높이 설정
- **Post Diameter**: 서포트 포스트의 직경을 설정
- **Tip Diameter**: 서포트와 오브젝트 사이에 접촉 면적을 설정
- **Base Diameter**: 서포트 베이스의 직경을 설정

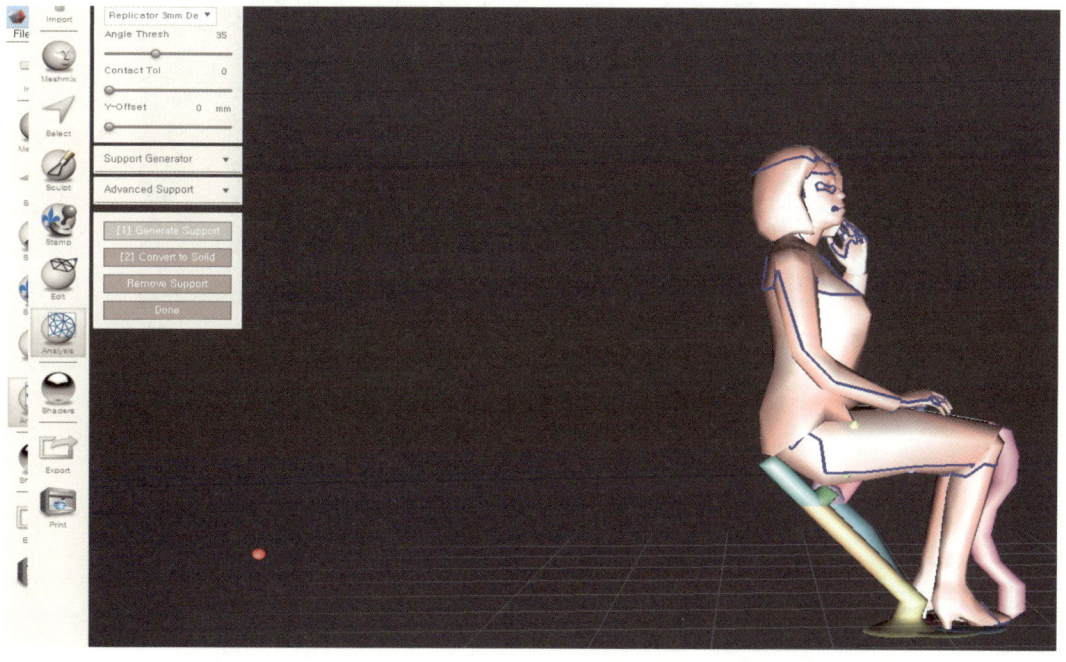

2) 자동 오류 수정 설정

- Angle Threshold: 오브젝트 돌출부분을 지지하기 위한 값을 설정
- Contact Tol: Convert to Solid 선택 시 지정된 거리만큼 오브젝트와 생성된 Solid Mesh(Support)의 관계를 설정
- Y-Offset: 3D 프린터의 빌드 위에 올려지는 거리를 설정

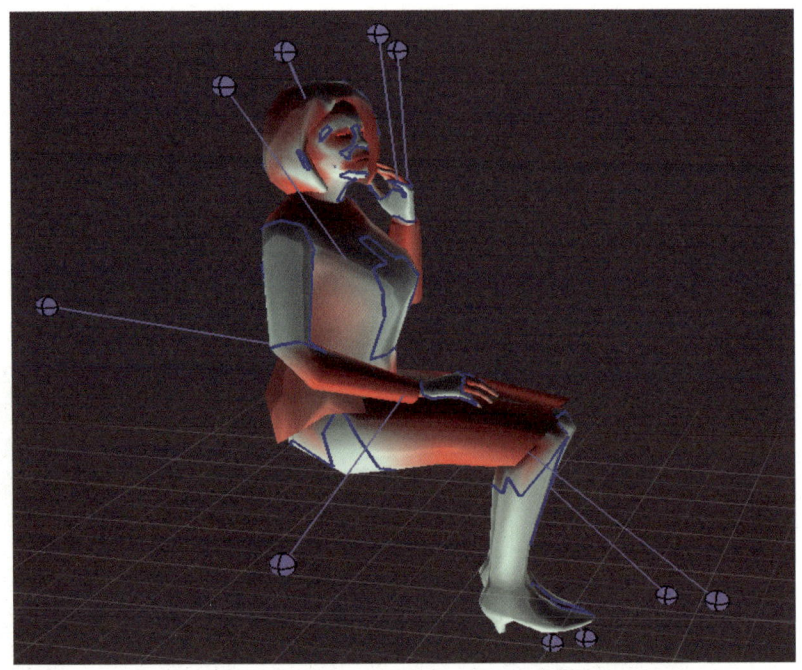

3) 출력용 데이터 파일로 저장한다.

출력용 데이터 파일에 오류가 없을 경우 [file]-[export]를 눌러 원하는 형식의 출력용 데이터 파일로 저장한다.

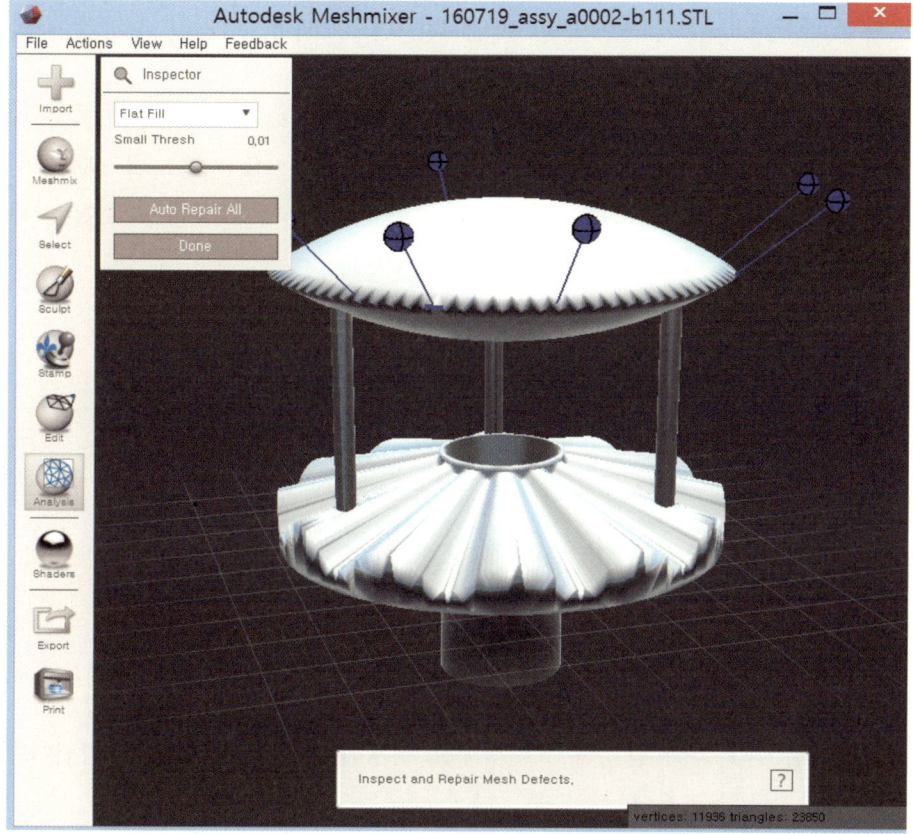

2-2. 자동으로 수정 확인 및 수동 수정 방법

1) 모델 수정

- **미세한 구멍 메우기**: 벽에 있는 작은 구멍을 무시하고 벽을 출력한다.
- **얇은 벽 합치기**: 두께가 있는 모델에서 벽의 두께가 얇을 경우 하나의 벽으로 합쳐서 출력한다. 출력 두께보다 좁은 폭을 출력하면 출력된 필라멘트가 다른 필라멘트 영역을 침범하기 때문에 표면이 거칠어진다.

- **얇은 벽 유지하기**: 두께가 얇은 벽의 경우 프린터가 출력할 수 없기 때문에 기본적으로는 출력할 수 없는 부분을 소거하게 된다. 하지만 이 기능을 사용하면 얇은 벽도 출력할 수 있게 처리를 하지만 실제 벽의 두께 비율이 원본 모델과 다르게 된다.
- 폴리곤을 수정해서 구멍 메우기: 모델에 있는 작은 구멍들을 모두 폴리곤을 추가해서 메운다. 이 기능은 많은 작업시간이 소요되며, 다양한 결과가 나올수 있어 사용을 신중하게 해야한다.
- **폴리곤 열린 상태 유지**: 출력물을 층층이 잘랐을 때 아웃라인이 폐곡선이 아니면 이 부분은 출력이 되지 않는다. 이런 경우 이 옵션을 사용하면 폐곡선이 아니어도 강제로 출력을 하도록 한다. 하지만 모든 경우에 대응하는 것이 아니므로 옵션 사용보다는 모델 수정을 권장한다.

2) 수동 수정

(1) Modify 기능

생성된 3D 객체를 수정할 수 있다. 점, 선, 면에 대한 삽입, 삭제, 수정 기능을 제공하고 객체 구부리기, 비틀기, 늘리기, 돌출시키기, 부드럽게 하기 등의 기능을 제공하여 생성된 객체의 품질을 향상시킨다.

① 폴리곤 방식
- 폴리곤 방식은 삼각형을 기본 단위로 하여 모델링을 할 수 있는 방식이다.
- 삼각형의 꼭지점을 연결해 3D 객체를 생성한다. 기본 삼각형은 평면이며 삼각형의 개수가 많을수록 형상이 부드럽게 표현된다.
- 크기가 작은 다각형을 많이 사용하여 객체를 구성하면 부드러운 표면을 표현할 수 있다.
- 랜더링 속도는 떨어진다.
- 객체 표면이 거칠게 표현된다.

② 넙스 방식
- 넙스 방식은 수학 함수를 이용하여 곡면의 형태를 만든다.
- 폴리곤 방식에 비해 많은 계산이 필요하지만 부드러운 곡선을 이용한 모델링에 많이 사용된다.
- 폴리곤 방식보다 정확한 모델링이 가능하다.
- 자동차나 비행기의 표면과 같은 부드러운 곡면을 설계할 때 효과적이다.

③ 솔리드 방식
- 면이 모여 입체가 만들어지는 상태로 속이 꽉 찬 물체를 이용해 모델링하는 방식이다.
- 솔리드 방식으로 모델링할 경우 재질의 비중을 계산해 무게 등을 측정할 수 있다.

③ 수정데이터 재생성

3-1. 문제점 리스트 작성 및 데이터 수정 파악

3D프린팅을 하고자 할 경우, 출력용 파일의 오류뿐만 아니라 출력물의 여러가지 요소가 문제점이 될 수 있다.

1) 크 기

모델의 크기가 3D 프린터의 플랫폼의 크기를 넘어 버린다면 출력이 될 수 없기 때문에, 출력할 모델의 비율을 줄여서 만들어 출력하든지 3D 프로그램과 오류 검출 프로그램을 이용해 분할시켜 출력할 수 있다.

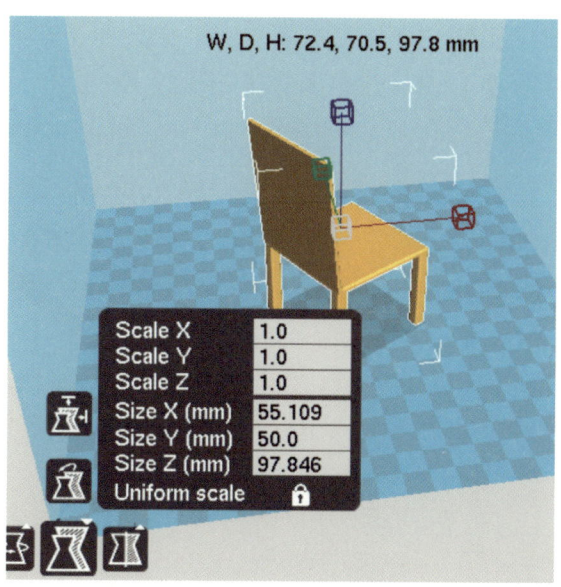

2) 서포터

서포트가 필요한 모델이라면 출력할 때 가장 서포트가 적게 생성되도록 모델의 방향을 수정하여 출력해야 시간을 최소화시킬 수 있다. 물론 서포트가 없도록 하는 경우가 가장 좋다.

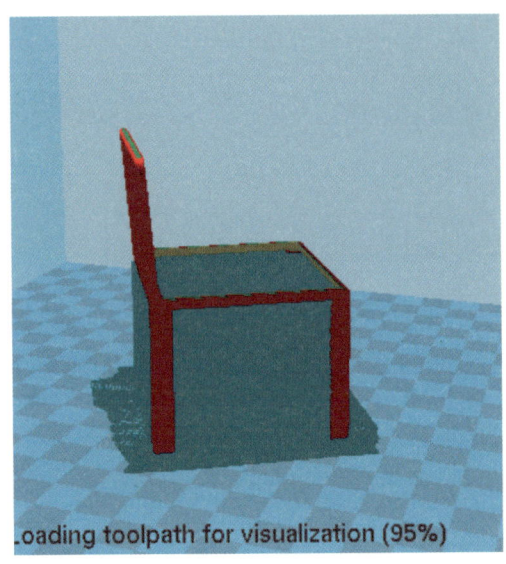

3) 공차

출력물이 어떤 다른 부품이나 다른 출력물과 결합 또는 조립되어야 한다면 공차를 생각해야 한다. 특히 FDM 형식의 3D 프린터의 경우, 결합 부분의 치수대로 만들더라도 만들어지는 과정에서 수축과 팽창으로 인해 치수가 달라질 수 있다.

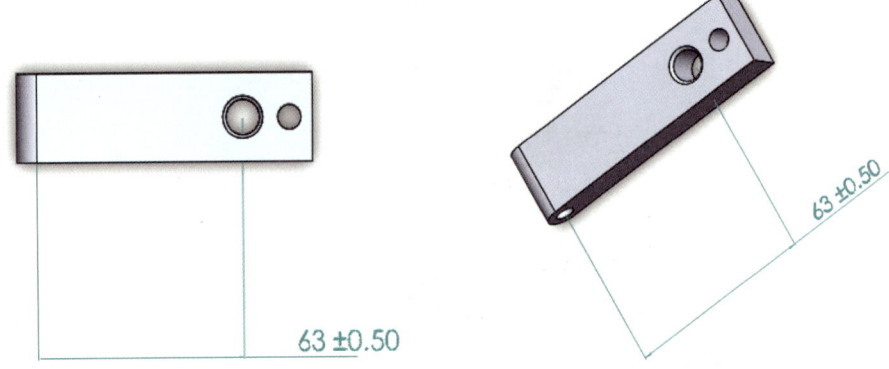

3-2. 데이터 수정 후 원본 모델링 데이터 저장

1) 문제점 리스트

		문제점 리스트		
오류	오류 여부		O ⱽ	X
	오류 종류	구멍		2개
		비매니폴드 형상		0개
		단절된 매쉬		0개
확인사항	수정		O	X
	공차 부위 (mm)	크기(%)		%
		구멍		mm
		연결부		mm
		핀		mm
	서포트	회전축		축
		방향		쪽
		각도		°
		바닥과 닿는 면		면
		채우기(%)		%

출처: NCS 표준서 문제점 리스트 작성지

2) 데이터 수정

- [Analysis]-[Inspector]를 누르면 자동으로 오류가 보이게 된다.
- 파일은 단절된 매쉬 1개와 구멍 2개가 있는 오류 파일이다.

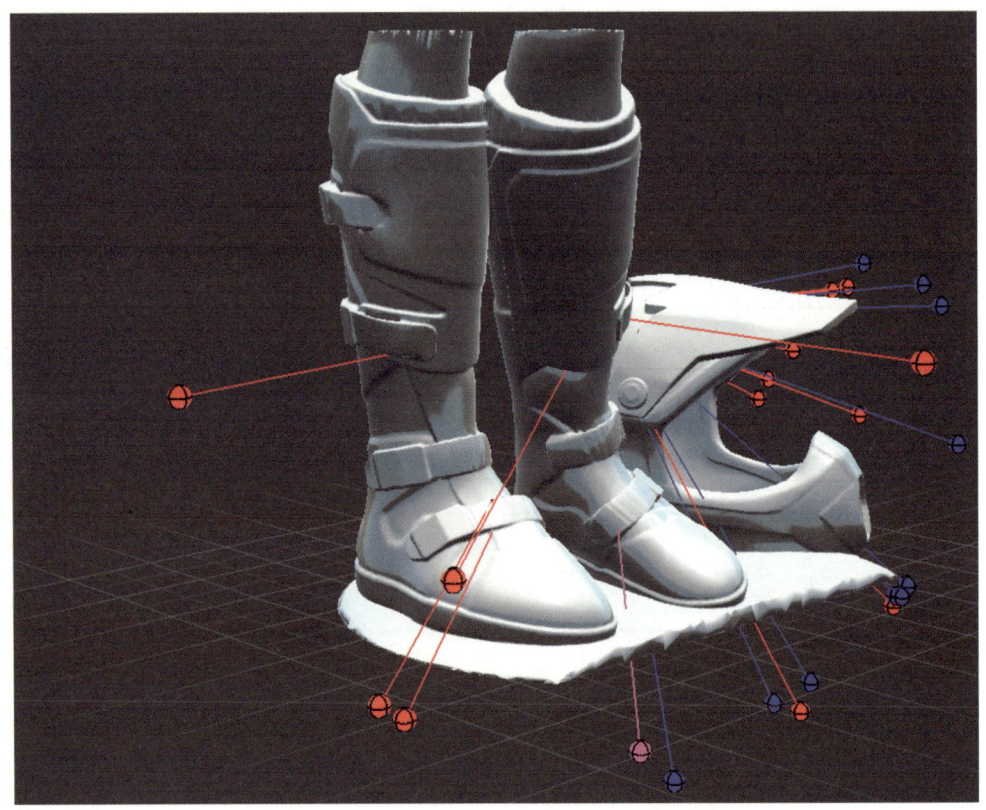

- [Inspector] 설정 창에는 [Hole fill mode]과 [Small Thresh]이 있다.
- [Hole fill mode]는 구멍이 있는 곳을 어떻게 채울 것인지 설정하는 기능이다. [Minimal Fill]로 최소한의 메쉬로 구멍을 채워 주고, [Flat Fill]로는 많은 삼각형으로 채우지만, 구멍을 평평하게 채워 주며 [Smooth Fill]으로 모델의 곡면을 따라서 부드럽게 메쉬로 채워 준다.

3-3. 실행 결과 후 모델링 파일 재저장

1) 자동 오류 수정 후 파일 재 저장

- 설정을 끝내고 [Auto Repair All]을 눌러 주면 오류 수정이 된다.
- 구멍을 채우는 [Hole fill mode] 설정을 다르게 해놓았다.
- 왼쪽에서부터 빨강색으로 표시한 [Minimal Fill]은 최소 메쉬로 구멍을 채웠고, 주황색으로 표시한 [Flat Fill]은 곡면이었지만 메쉬를 평평하게 채워 메쉬가 어색한 것을 볼 수 있으며, 초록색으로 표시한 [Smooth Fill]은 모델의 곡면을 따라 메쉬로 채운 것을 알 수 있다.

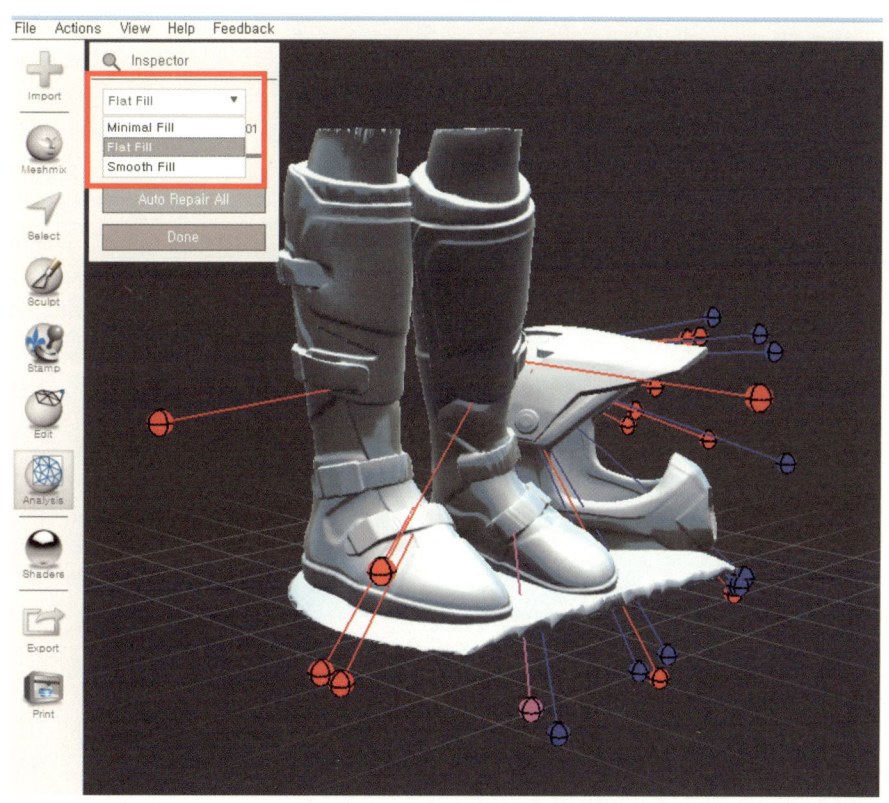

memo

CHAPTER

05

3D 프린터 SW 설정

3D 프린터 운용기능사
CRAFTSMAN THREE OPERATIONAL PRINTERS D.

3D 프린터
운용기능사

CRAFTSMAN THREEOPERATIONAL
PRINTERS D.

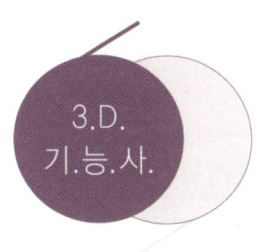

CHAPTER
05 3D 프린터 SW 설정

① 지지대 설정하기

1-1. 슬라이서 프로그램 이용한 형상 분석

만들어진 데이터를 출력하는 과정으로 2D 프린터는 출력물 인쇄 버튼을 눌러 쉽게 진행되지만 3D 프린터는 2D 프린터와는 다르게 '슬라이싱'이라는 과정을 추가로 진행해 주어야 한다.

슬라이싱이란 만들어진 데이터를 자르는 과정으로 2D로 만들어진 데이터가 단면으로 되어있지만 3D로 만들어진 데이터는 입체이기 때문에 3D 프린터가 데이터를 적층하기 위해서는 데이터를 각 층별로 나누어주는 작업을 해야 한다.

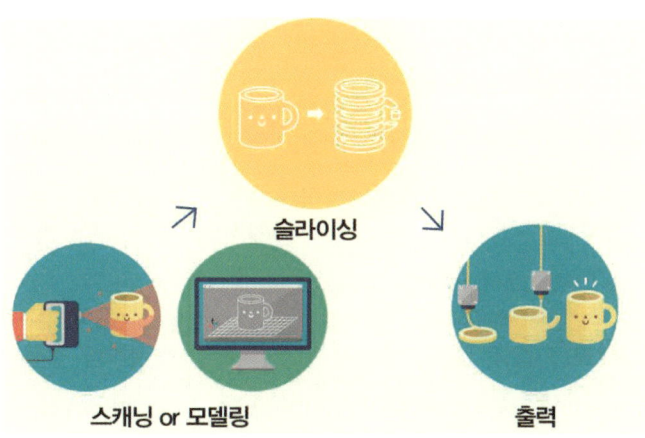

✚ 3D 프린터 출력 과정 그림표

형상물 회전은 형상물에 3개의 원모양으로 된 것을 볼 수 있다. 3개의 원모양은 각 X, Y, Z축을 뜻하며 원하는 방향으로 회전하여 형상을 분석할 수 있다. X축으로 형상물을 회전한 결과물로 그림에서 보면 45라는 숫자를 볼 수 있는데 이는 회전한 각도를 뜻한다.

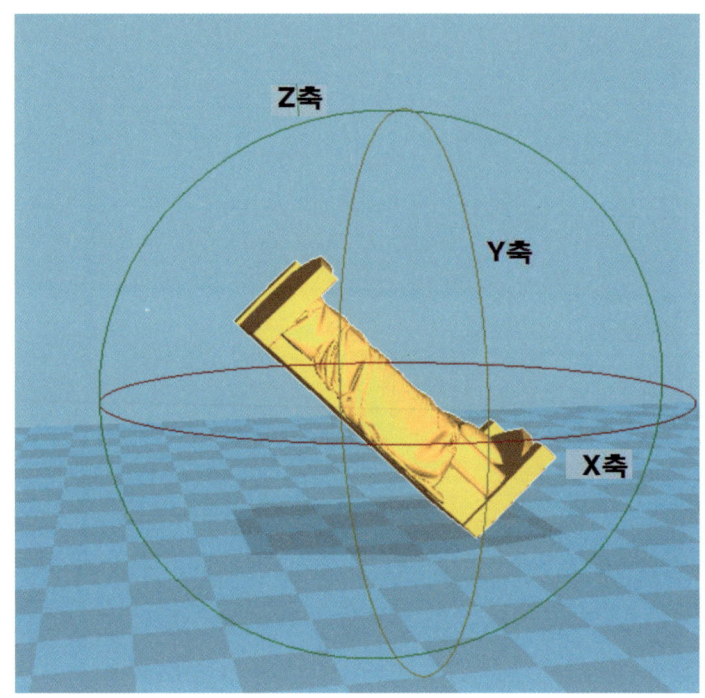

✚ 형상물 회전을 설명하기 위한 예시 그림

1-2. 형상물 확대 및 축소

한번 보고 복잡한 형상물이라는 것을 알 수 있다.

정말로 이렇게 3D 프린터로 출력하면 '오류 없이 깔끔하게 출력이 될까?'라는 의문이 들 것이다. 따라서 확대 및 축소 기능은 이와 같은 상황에서 적절하게 사용하는데 확대 및 축소 기능이 역할은 설계한 형상물을 가까이서 자세하게 관찰하여 지지대 사용 없이 출력하기 어려운 부분을 찾아내는 것은 물론 출력 시 오류 부분을 찾는데 유용하게 쓰인다.

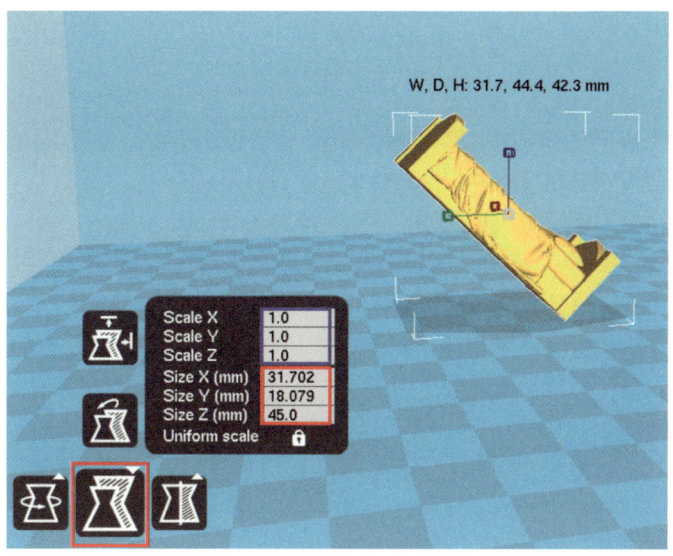

1-3. 이동

물체를 확대하여 관찰하였다면 반대편도 관찰하여 오류가 있는지 확인하여야 한다. 따라서 좌, 우, 앞, 뒤 이동하면서 전체적으로 형상물을 관찰하여야 하며 이동 또한 형상 분석을 하는데 있어서 중요하다.

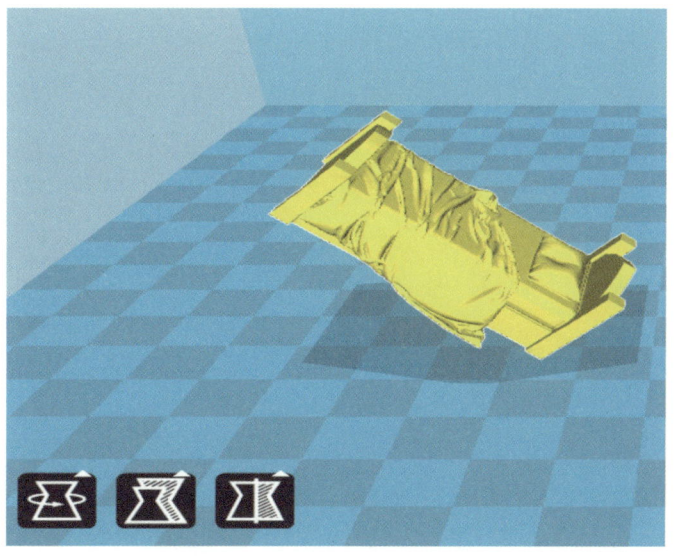

✚ 마우스 왼쪽버튼 클릭한 상태로 이동위치까지 끌어놓기

> **T.I.P**
>
> AM의 용어가 이렇게 통일된 공식 용어가 되기 전에는 주로 신속조형기술(RP: Rapid Prototyping)이라는 말을 주로 사용했으며, 일반인들에게는 쉽게 이해할 수 있는 3D 프린팅으로 알려지게 된 것입니다. 물론 3D 프린팅의 용어는 프린팅 장비의 특성에서 나온 말이기도 합니다. 또한, RP 장비나 RP 시스템은 산업용 3D 프린팅을 지칭하는 보다 넓은 의미의 용어입니다. 현재 이러한 3D 프린팅, 신속조형기술(RP)이라는 말은 AM이라는 말로 급속히 대체되어가고 있다고 보시면 됩니다. 이와 반대되는 용어로는 재료를 직접 공구로 깎아서 물건을 제조하는 공제가공(Subtractive Process)이 있습니다.

❷ 지지대의 필요성

2-1. 지지대의 필요성

3D 프린터로 제품을 출력 시 필요한 바닥받침대와 형상보조물을 말한다.

3D 프린팅 방식에 따라 여러 가지 오류가 존재한다. 여러 가지 오류를 제거하기 위해 지지대를 이용하면 제품을 제작하면 효율적으로 제품의 품질을 향상시킬 수 있다. 3D 프린팅은 제작 방식에 따라 제작의 오차 및 오류가 존재한다. 이를 해결하기 위해서 지지대를 형상 제작에 이용하면 오차를 줄일 수 있다. 그림과 보는 것과 같이 지지대를 이용하여 제품을 제작하는 방법과 지지대를 이용하지 않고 제작하는 방법이 있다. 이때 제품을 제작할 때 지지대를 제작 하는 이유는 아래의 면이 클 때 제품 형상의 뒤틀림이 존재하기 때문이다. 그래서 FDM 방식에서 구조물을 제작할 때 제품의 아랫면이 크거나 뒤틀림이 존재할 때에는 지지대를 이용하여 제품을 제작하면 제품의 뒤틀림과 오차를 줄일 수 있다. 그리고 SLA 방식으로 제품을 제작할 때 지지대를 제작하느냐 안하느냐에 따라 형상의 오차 및 처짐 등이 발생할 수 있다. 그래서 제품에 따른 지지대 유무에 따라 더 나은 품질의 제품을 제작할 수 있다.

1) 형상보조물

제품의 출력 시 적층 바닥과 제품이 떨어져 있을 경우 이를 보조해주는 지지대를 말한다.

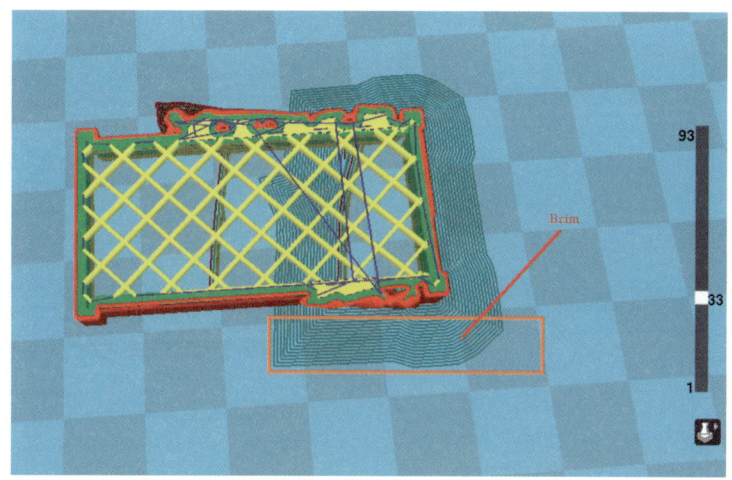

2) 바닥받침대

제품의 출력 시 적층바닥과 제품을 보다 견고하게 유지시켜주는 지지대를 말한다.

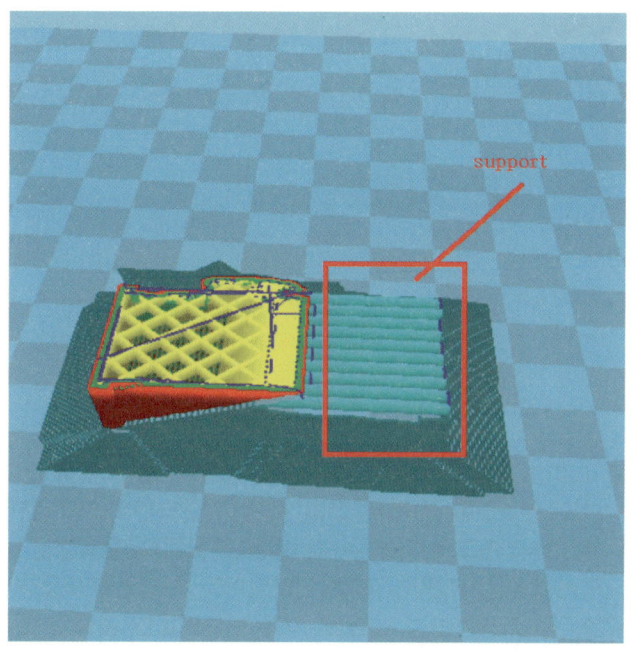

2-2 지지대 설정

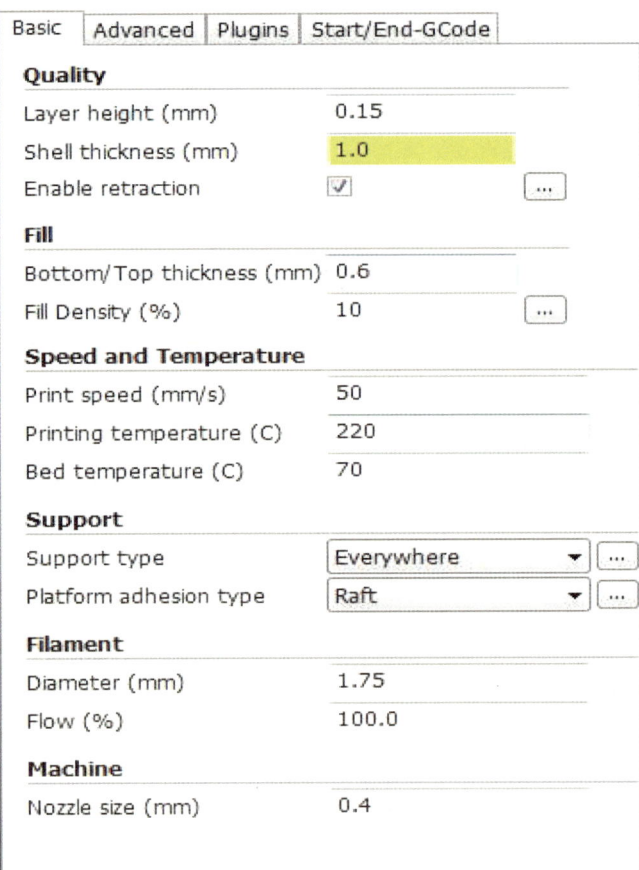

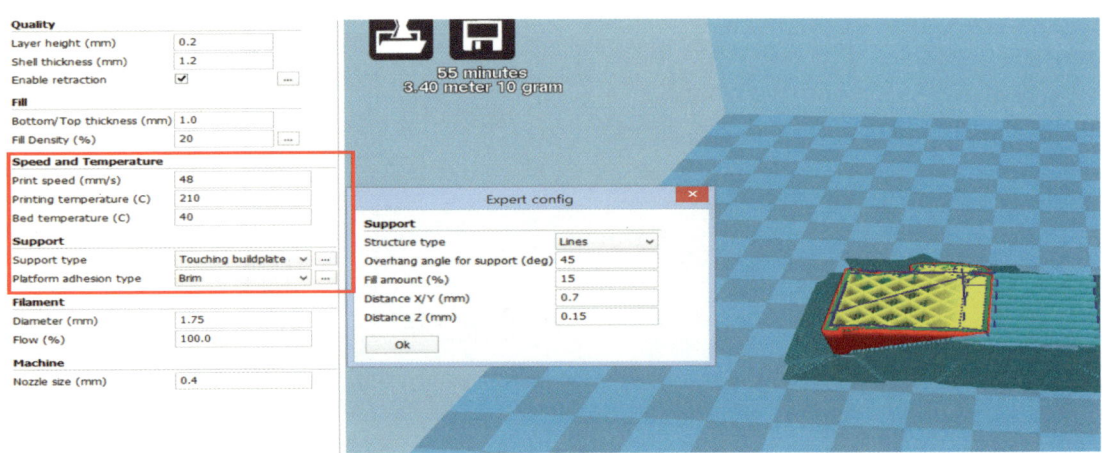

③ 슬라이싱하기

3-1. 적층값 파악 및 적층값 설정

3D 프린터가 형상물을 출력하는데 적층하는 수치를 뜻한다. 적층값은 3D 프린터마다 각각 다르며 적층값이 높을수록 정밀도가 떨어진다. 따라서 3D 프린터 종류마다 지원하는 적절한 적층값의 범위를 파악하는 것이 중요하다. 또한 적층값의 범위를 파악하였다면 출력할 적층값을 결정해야 한다.

Quality → Layer height을 선택할 수 있다.

3-2. 제품 슬라이싱

모델링 또는 스캐닝으로 막 생성된 따끈따끈한 3D 모델 소스(.stl 파일)는 3D 프린터가 읽을 수 없는 파일이다. 3D 소프트웨어 등에서 편집 가능한 파일들은 3D 프린터가 어떠한 경로로 움직이며 원료를 사용해야 하는지에 대한 정보가 포함되어 있지 않다. 그래서 이러한 정보를 3D 모델 소스에 포함 시키는 작업이 필요한데, 이를 '슬라이싱(Slicing)'이라고 한다.

얇게 썰어낸다는 의미의 슬라이스라는 단어를 사용한데에는 3D 프린팅 기술이 모델의 단면을 한 층씩 쌓아 올리는 조형을 하기 때문이다. 그래서 '썰어져 있지 않은' 모델 파일을 '3D 프린터가 쌓을 수 있도록 층층히 썰어낸다'라는 의미인 것이다. 슬라이싱 변환 과정에는 단순히 적층면과 헤드 구동경로만 나누어 계산하는 것은 아니다. 색상 정보가 있다면 이도 함께 계산되며, 조형 방식 특성에 따라 적합한 3D 프린팅을 위한 정보들을 포함 시키게 된다.

슬라이싱 과정을 통해 생성된 파일은 'G-Code'(지-코드)라고 불리는 파일로, 슬라이싱 된 모델에 대한 3D 프린팅 과정 명령을 담고 있다. 슬라이싱 작업을 도와주는 소프트웨어를 '슬라이서'(Slicer)라고 하며, 기술적인 측면에서는 'G-Code 컴파일러'(Compiler-변환기)라고 한다.

자료출처: https://xyzist.com/

1) 기본메뉴

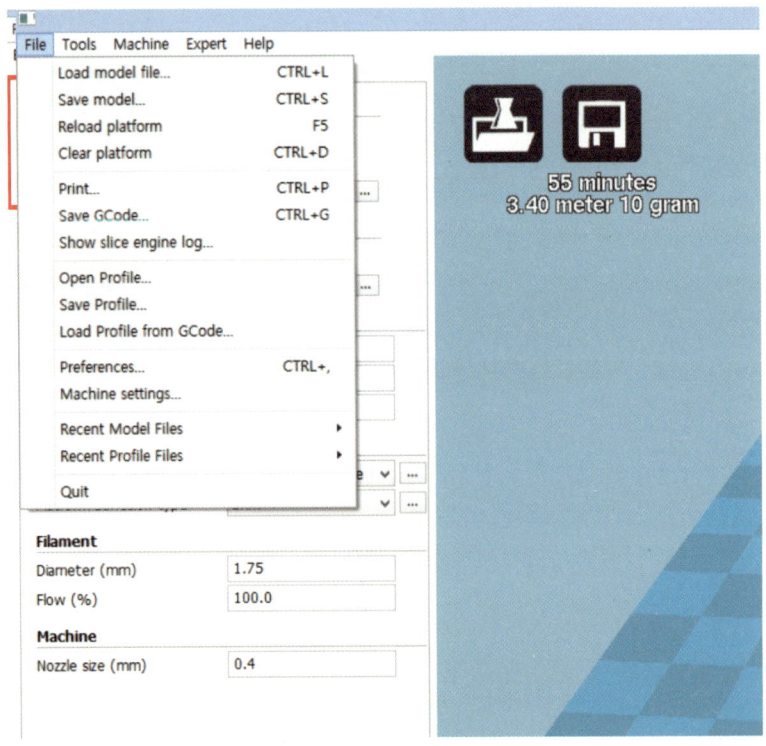

- Load model file: 모델 불러오기
- Save model: 모델 저장하기
- Clear platform: 플랫폼 비우기
- Print: 프린트 하기
- Save GCode GCode: 저장하기
- Show slice engine log slice engine: 로그 보기
- Open Profile: 설정한 값을 불러오는 기능
- Save Profile: 현재 설정한 값을 저장하는 기능
- Load Profile from GCode: GCode 설정 불러오기
- Reset Profile to default: 설정 초기화
- Preferences: 환경설정
- Recent Model Files: 최근 모델 파일
- Recent Profile Files: 최근 설정 파일
- Quit: 종료

2) 기기설정

- Retraction: 원료배출을 철회하는 기능
- Minimum travel: retraction에 의하여 발생하는 노즐의 최소한의 이동 거리
- Enable combing: 체크 해제 시 이동할 경우 직선 이동
- Minimal extrusion before retracting: retraction하기 전 노즐에 원료가 흐르는 것을 방지하기 위하여 필라멘트를 조금만 이동시키는 거리
- Skirt: 원료 배출 상태 확인
- Line count: Skirt 개수를 설정하는 기능
- Start distance: 모델 외부로부터 떨어진 거리
- Minimal length: 원료가 배출상태를 확인하기 위하여 skirt가 그려지는 최소 길이
- infill: 채움 정도 설정하는 기능
- Solid infill top: 상단면의 자동으로 채움을 설정하는 기능
- Solid infill bottom: 하단면의 자동으로 채움을 설정 기능
- infill overlap: 채움 시 중첩량을 설정하는 기능

3) Support 메뉴

- Fill amount: 지지대 채움 정도
- Distance X/Y: 출력물에서 서포터까지의 거리(X, Y축)
- Distance Z: 출력물과 서포터 간의 거리(Z축)
- Spiralize the outer contour: layer의 시작점에서 z축까지 지속적으로 변경
- Brim: 모델 주위에 보강대 생성
- Brim line a mount: 끝자리에 사용되는 선의 양
- Raft: 모델 하단부에 기초를 생성하는 기능
- Extra a argin: 모델 하단부에 기초를 만들어주는 거리
- Line spacingraft: 선의 거리
- Base thickness: bed에 접착되는 하단면 layer의 두께
- Base line width: bed에 접착되는 하단면 layer의 폭
- interface thickness: bed에 접착되는 바닥면과 모델 경계면의 두께
- interface line width: interface의 폭

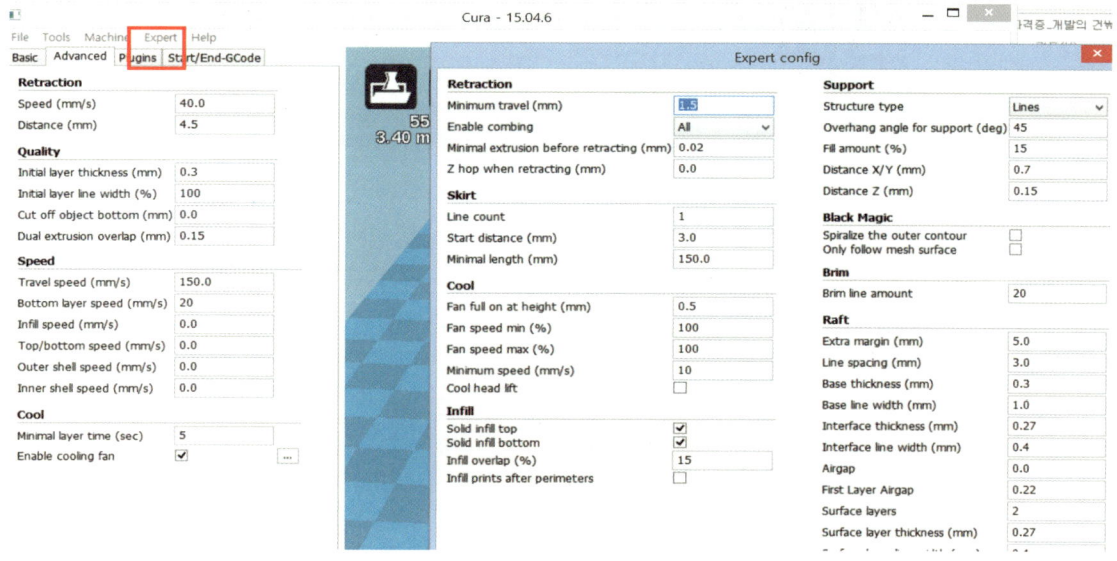

④ G코드 생성하기

4-1. 가상 적층을 통한 슬라이싱 파악

1) 서포터

그림의 청록색 부분은 서포터를 나타낸다.

2) 플랫폼

바닥에 넓게 깔린 청록색 부분은 라프트와 브림을 나타낸다.

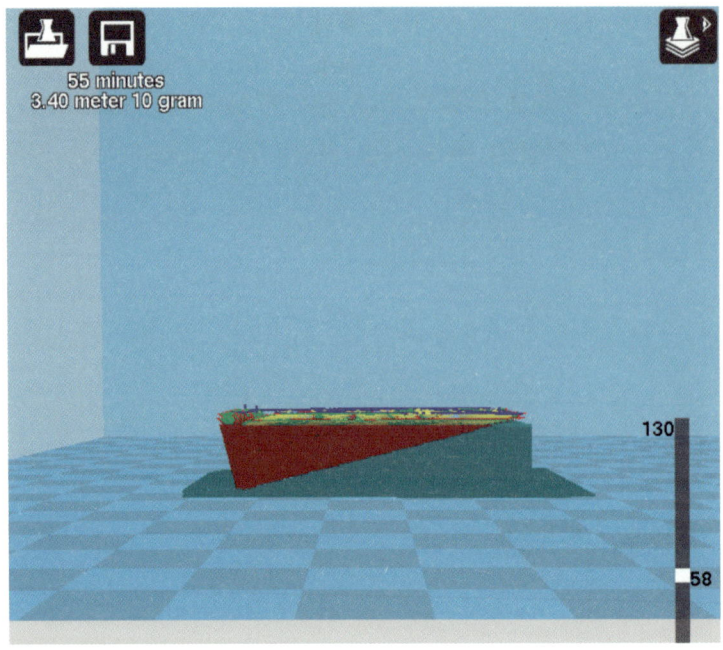

4-2 슬라이서 프로그램 3D 프린터 옵션 선택

1) 상단 Expert메뉴를 클릭하여 Open expert settings를 클릭할 수 있다.

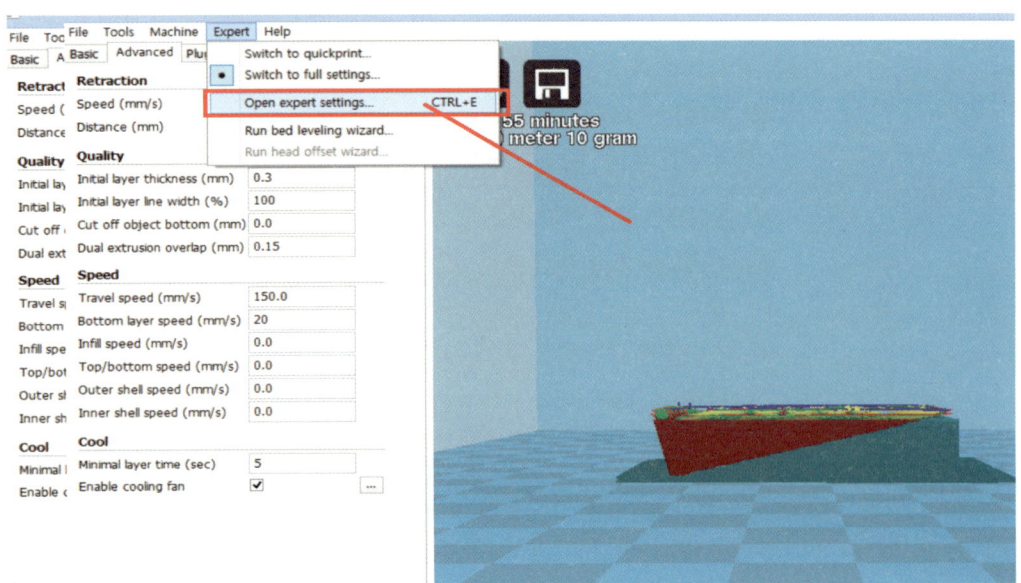

2) 출력에 필요한 설정 값을 설정할 수 있다.

Retraction		Support	
Minimum travel (mm)	1.5	Structure type	Grid
Enable combing	All	Overhang angle for support (deg)	45
Minimal extrusion before retracting (mm)	0.02	Fill amount (%)	15
Z hop when retracting (mm)	0.0	Distance X/Y (mm)	0.7
Skirt		Distance Z (mm)	0.15
Line count	1	**Black Magic**	
Start distance (mm)	3.0	Spiralize the outer contour	☐
Minimal length (mm)	150.0	Only follow mesh surface	☐
Cool		**Brim**	
Fan full on at height (mm)	0.5	Brim line amount	20
Fan speed min (%)	100	**Raft**	
Fan speed max (%)	100	Extra margin (mm)	5.0
Minimum speed (mm/s)	10	Line spacing (mm)	3.0
Cool head lift	☐	Base thickness (mm)	0.3
Infill		Base line width (mm)	1.0
Solid infill top	☑	Interface thickness (mm)	0.27
Solid infill bottom	☑	Interface line width (mm)	0.4
Infill overlap (%)	15	Airgap	0.0
Infill prints after perimeters	☐	First Layer Airgap	0.22
		Surface layers	2
		Surface layer thickness (mm)	0.27
		Surface layer line width (mm)	0.4
		Fix horrible	
		Combine everything (Type-A)	☑
		Combine everything (Type-B)	☐
		Keep open faces	☐
		Extensive stitching	☐
		Ok	

4-3. 슬라이싱 기준 G코드 생성

1) 슬라이싱된 파일과 기타 설정 값을 기준으로 G-Code

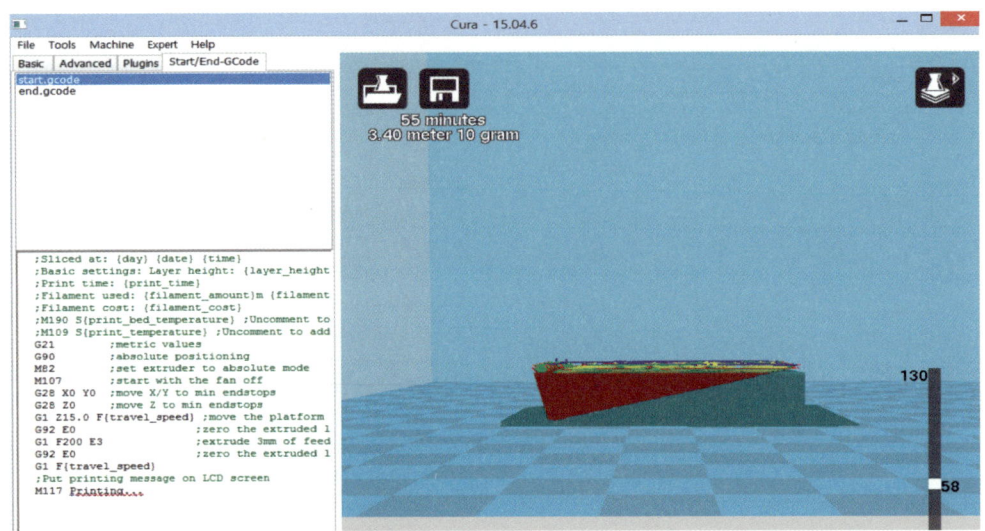

(1) 고속이동

  － Z축 10mm 이동: G0 Z10(이동값)
  － X축 10mm 이동: G0 X10(이동값)

(2) 익스트루더 원점 복귀

  － G28

(3) End stop 확인

  － M119

(4) 베드 영점 레벨링

  － G0 Z0(베드와 노즐간의 간격값)

(5) 익스트루더 테스트 및 온도값 제어(기본 175도)

  － M302(온도값 제어)
  － G1 E10 F30(모터 회전값)

G코드	그룹	기능	용도
▼G00	01	위치결정	공구의 급속 이송
▼G01		직선 보간	직선 가공
▼G02		원호 보간	시계 방향으로 원호를 가공
▼G03		원호 보간	반시계 방향으로 원호를 가공
▼G04	00	드웰	지령시간동안 절삭 이송을 일시정지
▼G09		정위치 정지	블록 종점에서 정위치 정지
▼G10		데이터 설정	L_에 따라 다양한 데이터 등록
▼G11		데이터 설정 취소	다양한 데이터 프로그램 입력 취소
▼G15	17	극좌표 지령 취소	G16 기능 취소
▼G16		극좌표 지령	각도 값의 극좌표 지령
▼G17	02	X-Y 평면	작업평면 지정 X-Y
▼G18		Z-X 평면	작업평면 지정 Z-X
▼G19		Y-Z 평면	작업평면 지정 Y-Z
▼G20	06	인치 데이터 입력	단위를 인치로 지정
▼G21		mm단위로 데이터 입력	mm로 좌표값의 단위를 지정
▼G22	09	행정제한 영역 설정	안전을 위해 일정 영역 금지
▼G23		행정제한 영역 Off	G22기능 취소
▼G27	00	원점 복귀 점검	원점으로 복귀 후 점검
▼G28		자동 원점 복귀	원점으로 복귀
▼G30		제2 원점 복귀	제2 원점 복귀
▼G31		스킵(Skip) 기능	블록의 가공중 다음 블록으로 넘어간 후 실행
▼G33	01	나사가공	헬리컬 절삭으로 나사가공
▼G37	00	자동 공구 길이 측정	자동으로 공구 길이 측정
▼G40	07	공구경 보정 취소	공구경 보정 해제
▼G41		공구경 좌측 보정	좌측방향으로 공구 진행 방향 보정
▼G42		공구경 우측 보정	우측방향으로 공구 진행 방향 보정
▼G43	08	공구 길이 보정 +	공구 길이 보정이 z축 방향으로 +
▼G44		공구 길이 보정 -	공구 길이 보정이 z축 방향으로 -
▼G45	00	공구 위치 오프셋 신장	이동 지령을 정량만큼 신장
▼G46		공구 위치 오프셋 축소	이동 지령을 정량만큼 축소
▼G47		공구위치 2배 신장	이동 지령을 정량의 2배 신장
▼G48		공구위치 2배 축소	이동 지령을 정량의 2배 축소
▼G49	08	공구 길이 보정 취소	공구 길이 보정 모드 취소
▼G50	11	스케일링 취소	크기 확대, 축소
▼G51		스케일링	스케일링 및 미러 이미지 지령
▼G52	00	로컬 좌표계 설정	절대 좌표계에서 다른 좌표계 설정
▼G53		기계 좌표계 설정	기계 원점을 기준으로 좌표계 선택
▼G54	14	공작물 좌표계 1 선택	원점으로 공작물 기준을 설정하여 좌표계를 6개까지 설정 가능
▼G55		공작물 좌표계 2 선택	
▼G56		공작물 좌표계 3 선택	
▼G57		공작물 좌표계 4 선택	
▼G58		공작물 좌표계 5 선택	

Implemented G Codes

- G0 -> G1
- G1 - Coordinated Movement X Y Z E
- G2 - CW ARC
- G3 - CCW ARC
- G4 - Dwell S or P
- G10 - retract filament according to settings of M207
- G11 - retract recover filament according to settings of M208
- G28 - Home all Axis
- G29 - Detailed Z-Probe, probes the bed at 3 points. You must de at the home position for this to work correctly.
- G30 - Single Z Probe, probes bed at current XY location.
- G90 - Use Absolute Coordinates
- G91 - Use Relative Coordinates
- G92 - Set current position to cordinates given

Implemented M Codes

- M0 - Unconditional stop - Wait for user to press a button on the LCD (Only if ULTRA_LCD is enabled)
- M1 - Same as M0
- M17 - Enable/Power all stepper motors
- M18 - Disable all stepper motors; same as M84
- M20 - List SD card
- M21 - Init SD card
- M22 - Release SD card
- M23 - Select SD file (M23 filename.g)
- M24 - Start/resume SD print
- M25 - Pause SD print
- M26 - Set SD position in bytes (M26 S12345)
- M27 - Report SD print status

- M28 – Start SD write (M28 filename.g)
- M29 – Stop SD write
- M30 – Delete file from SD (M30 filename.g)
- M31 – Output time since last M109 or SD card start to serial
- M32 – Select file and start SD print (Can be used when printing from SD card)
- M42 – Change pin status via gcode Use M42 Px Sy to set pin x to value y, when omitting Px the onboard led will be used.
- M80 – Turn on Power Supply
- M81 – Turn off Power Supply
- 301 – Set PID parameters P I and D
- M302 – Allow cold extrudes
- M303 – PID relay autotune S sets the target temperature. (default target temperature = 150C)
- M304 – Set bed PID parameters P I and D
- M400 – Finish all moves
- M401 – Lower z-probe if present
- M402 – Raise z-probe if present
- M500 – stores paramters in EEPROM
- M501 – reads parameters from EEPROM (if you need reset them after you changed them temporarily).
- M502 – reverts to the default "factory settings". You still need to store them in EEPROM afterwards if you want to.
- M503 – print the current settings (from memory not from eeprom)
- M540 – Use S[0|1] to enable or disable the stop SD card print on endstop hit (requires ABORT_ON_ENDSTOP_HIT_FEATURE_ENABLED)
- M600 – Pause for filament change X[pos] Y[pos] Z[relative lift] E[initial retract] L[later retract distance for removal]
- M907 – Set digital trimpot motor current using axis codes.
- M908 – Control digital trimpot directly.
- M350 – Set microstepping mode.

- M351 — Toggle MS1 MS2 pins directly.
- M928 — Start SD logging (M928 filename.g) — ended by M29
- M999 — Restart after being stopped by error

CHAPTER 06

3D 프린터 HW 설정

3D 프린터 운용기능사
CRAFTSMAN THREE OPERATIONAL PRINTERS D.

3D 프린터 운용기능사

CRAFTSMAN THREEOPERATIONAL
PRINTERS D.

CHAPTER 06 3D 프린터 HW 설정

1) 소재 준비하기

1-1 3D 프린터 장착 방식을 파악

1) 3D 프린터 방식과 원리

3D 프린터를 나누는 가장 큰 항목은 3D 프린터가 수용할 수 있는 재료이다. 다음 표에서처럼 다양한 재료를 통해 3D 출력물을 출력할 수 있으며 자신이 만들고자 하는 출력물의 재료, 형태에 따라 3D 프린터를 선택해야 한다.

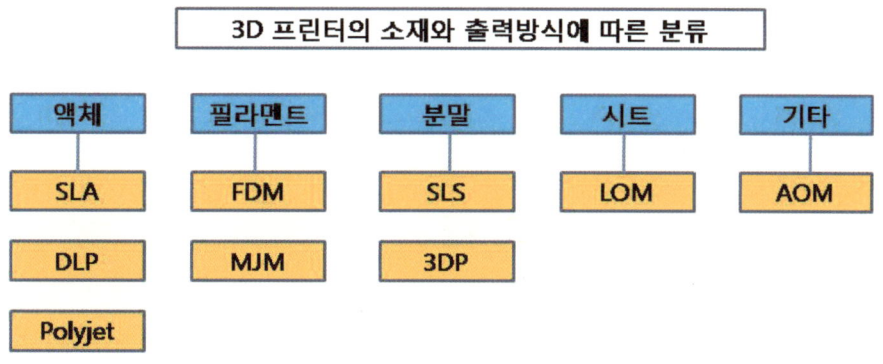

(1) 액체 재료 방식

① SLA(Stereo Lithography Apparatus) : 광경화수지조형 3D 프린터 레이저 빔을 통해 액체 형태의 레진(고점도 광경화성 플라스틱)을 경화시킨 후 적층하여 조형하는 방식이다. 빛을 이용하기 때문에 정밀도는 높으나, 출력물의 강도는 약하다.

액상 광경화성 수지를 이용한다는 점에서 DLP 프린팅 방식과 유사하나, 빛을 투사하는 대신에 레이저 소스를 이용한다는 점에서 구별할 수 있다. 따라서 단면을 투과하는 DLP 방식과는 다르게 일반적인 FDM 방식과 유사한 라인트레이싱 방식을 사용한다. 그럼에도 불구하고 프린팅 속도는 FDM에 비하여 월등히 빠르다. 또한, 광경화성 수지의 종류에 있어서도 DLP타입보다 높은 에너지를 요구하는 광개시제가 함유되어 있으므로, DLP 방식과 SLA 방식의 레진을 혼용하여 사용하기 어렵다.

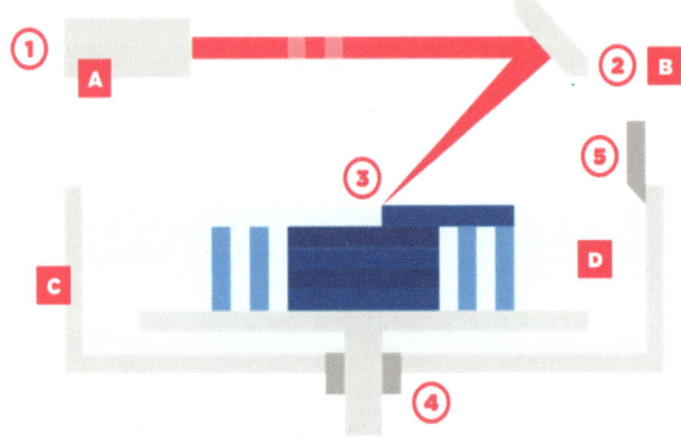

[SLA 방식]

① 레이저를 조사합니다.
② 다이내믹 미러가 X, Y축으로 움직이며 전달받은 레이저 빔을 수조에 정확히 전달합니다.
③ 수조 안에 있던 광경화수지가 레이저 빔에 의해 굳어집니다.
④ 수조 안에 있는 조형판은 한 층씩 수지가 굳어질 때마다 정해진 층의 두께만큼 내려갑니다.
⑤ 리코터 블레이드가 인쇄물의 표면을 지나가며 평탄화 작업을 합니다.

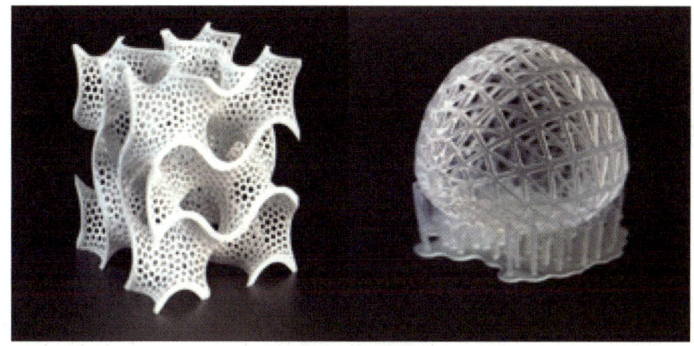

✚ SLA 출력물

② DLP(Digital Light Processing): 광경화성수지조형으로 SLA 방식과 유사하며 자외선파장(UV-A)을 이용해 레진(고점도 광경화성 플라스틱)을 쌓아 조형한다. 면 단위로 조형하기 때문에 출력 속도가 무척 빠르나 재료의 다양성은 부족하다.

　액상 광경화성 수지가 담긴 통에 프로젝터를 이용하여 모델의 단면을 빛으로 투사하여 레진을 굳힘으로써 적층하는 방식을 말한다. 프린팅되는 라인을 그려서 레이어를 만드는 다른 방식과 다르게 단면을 통째로 굳히기 때문에 프린팅의 속도가 훨씬 빠르고, 빛을 사용하기 때문에 정밀도를 굉장히 높일 수 있다.

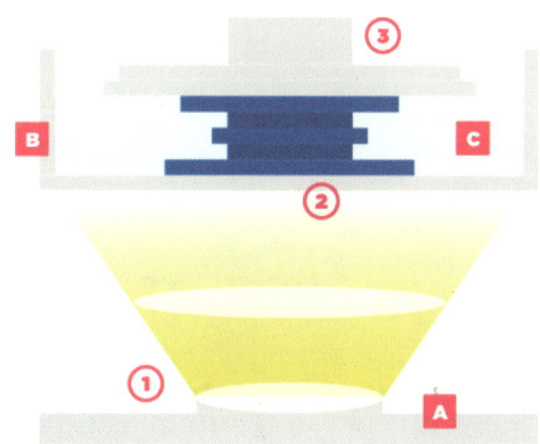

[DLP 방식]

① DLP 프로젝터가 조형 이미지를 조사합니다.
② 수조 안에 있던 광경화 수지가 디지털 라이트에 의해 굳어집니다.
③ 수조 안에 있는 조형판은 한 층씩 재료가 굳어질 때마다 정해진 층의 두께만큼 올라갑니다.

✚ DLP 출력물

③ Polyjet(Photopolymer Jetting Technology): 잉크젯과 광조형방식의 혼합하여 프린터의 헤드에 있는 수많은 미세 노즐에서 액상 재료와 UV 자외선을 동시에 분사하여 경화시키며 조형 치수 정밀도가 뛰어나고, 표면처리 우수하다.

액상 광경화성 수지를 노즐에서 분사한 후 광에너지를 이용하여 굳혀 적층하는 방식. DLP와 같이 높은 정밀도를 자랑하지만 소재의 제한이 따르며 소재의 내구성이 좋지 않고 빛에 민감하다. 하단보다 상단의 면적이 큰 경우, 서포터가 필수적으로 요구된다. 일반적으로 서포터는 물속에서 분해 가능한 재료를 이용하여, 프린팅 후에도 쉽게 서포터를 제거할 수 있도록 되어있다.

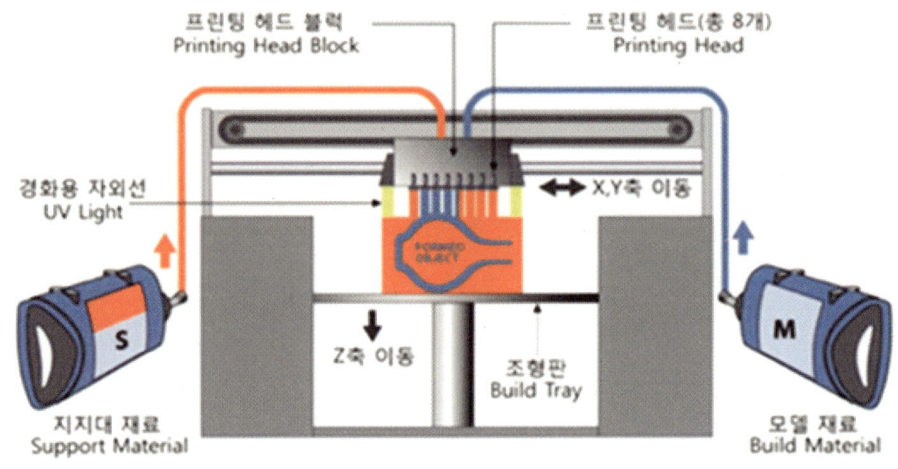

✚ Poly-jet 방식

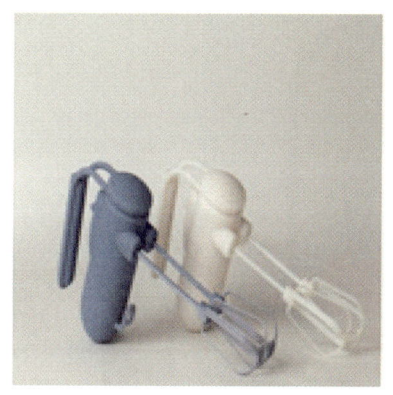 

➕ Poly-jet 출력물

(2) 고체 재료 방식

① FDM(Fused Deposition Modeling): 가장 대표적인 보급형 3D 프린터 융합수지 압출 적층 조형 즉 필라멘트라 불리는 플라스틱을 온도를 높여 녹인 후, 한 방울씩 적층시켜 조형한다.

플라스틱 기반의 재료를 녹여 노즐에서 토출하여 적층하는 방식이다. 구성이 비교적 단순하고 특허가 만료되었다. 오픈소스(RepRap 등) 운동으로 통해 기술 장벽이 낮아져 저가화에 성공하였다. 그러므로 다른 3D 프린터보다 가격이 월등히 저렴하고 현재 시중에 출시된 상당수의 저가형 제품이나 조립 제품은 이 방식을 채택하는 경우가 많다. 그러나 노즐은 텅 빈 바닥을 기준으로 재료를 토출하여 적층하므로 바닥이 불안정한 제품은 별도의 지지대를 만들어 주어야 한다. 간단히 예를 들자면 허리를 굽힌 피규어를 FDM 방식으로 제작할 경우 지지대가 없다면 적층 중 과도하게 기울어진 소재가 힘을 버티지 못하고 쓰러진다. 지지대를 따로 모델링 하여 만들어 줄 수도 있지만, 이럴 경우 지지대를 제거하는 데 별도의 후가공이 필요하며 이에는 노하우가 필요하다.

가장 단순하고 저렴하지만 그만큼 제약이 많은 방식이다. 그러나 접근성이 좋은 만큼, 노즐의 추가로 여러가지 도색이 가능하게 되는 버전이라거나 금속을 사용하는 제품 등 확장성과 활용성이 높다.

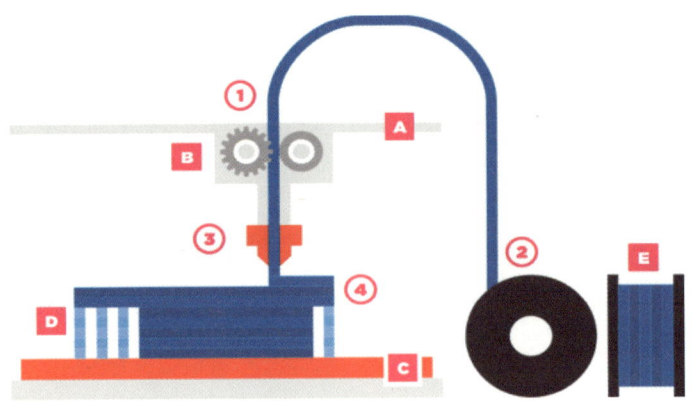

[FDM 방식]

① 모터에서 재료 필라멘트를 끌어당깁니다.
② 필라멘트 스풀의 필라멘트가 당겨집니다.
③ 고체 필라멘트를 녹일 수 있는 온도로 달궈진 핫-앤드 노즐에서 원료를 압출합니다.
④ 압출된 원료는 설정된 값만큼 한 층씩 적층되어 조형됩니다.

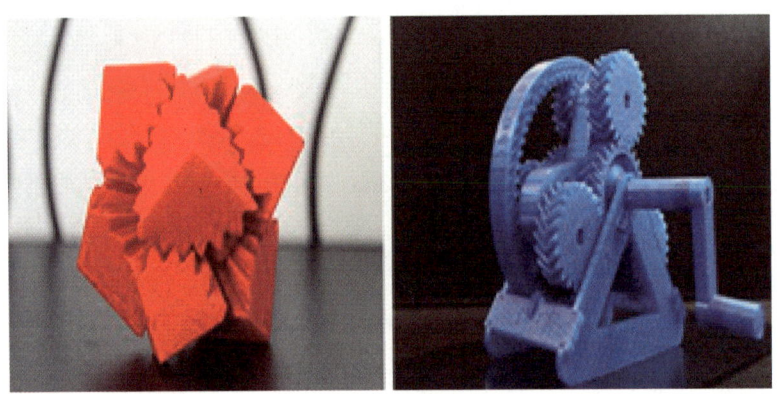

✚ FDM 출력물

② LOM(Laminated Object Manufacturing): 개체 접합 조형으로 종이나 필름 등의 재료를 쌓고 절단 후 다음 층을 접착제로 접합하여 조형한다. 내구성은 약하나 색상 구현이 뛰어나다.

    종이, 플라스틱, 금속 재질의 시트 형태 재료를 한장 한장 접착한 후 칼 또는 레이저 커터로 형태를 잡아 자르고, 이러한 작업을 반복하여 원하는 형태의 조형을 얻을 수 있다. AM이긴 하지만 깎아내는 과정이 필요한 하이브리드 방식이다. 금속

판을 밑에 깔고 초음파 용접으로 붙인 뒤 모양대로 절단하는 과정을 반복하는데 일단 열로 용접하는 과정을 거치지 않는 만큼 내부 잔류 응력 처리나 내부 공기 조절에 간섭이 많지 않으며 속도가 빠르다.

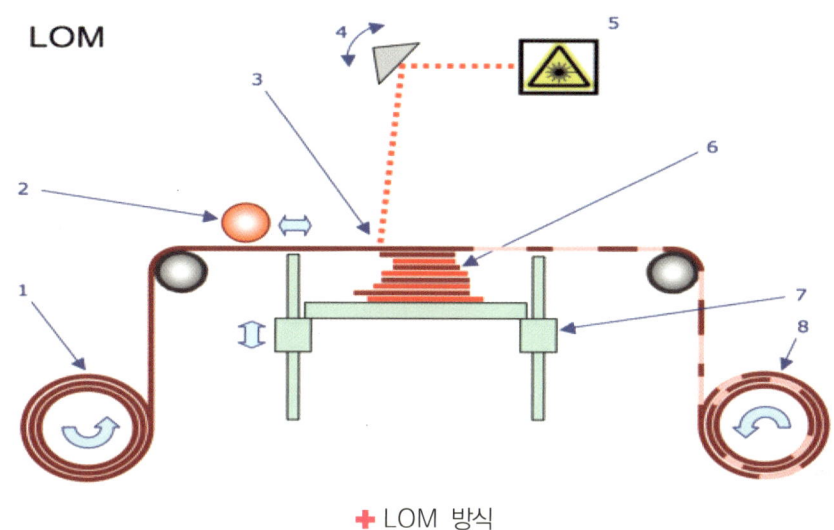

+ LOM 방식

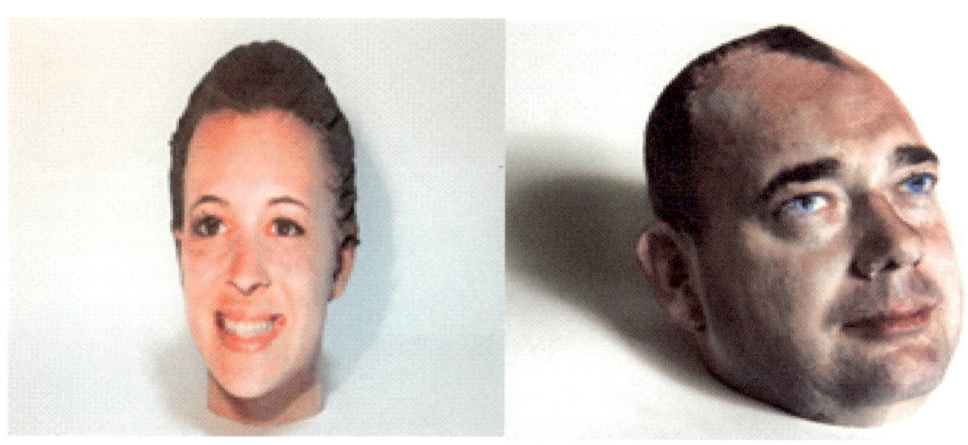

+ LOM 출력물

(3) 분말 재료 방식

고운 기능성 고분자, 금속 분말을 레이저로 용융시켜 조형물을 쌓아 올라가는 형태 현재는 LAM(Laser Additive Manufacturing), DMT(Laser-aided Direct Metal Tooling) 등으로 발전 다양한 소재가 사용 가능하다.

① SLS(Selective Laser Sintering): 레이저 소결 방식이란 분말 형태의 소재를 베드(bed)에 도포한 후 레이저를 비춰 원하는 부분만 굳히는 기술을 말한다. 레이저에 노출된 부분만 굳어 형태가 만들어지는 원리다. 이를 '선택적 레이저 소결'(SLS, Selective Laser Sintering)이라고 부르기도 한다. 선택적 레이저 소결 방식이 바로 SLS 방식의 3D 프린터를 지칭하는 말이다.

다양한 소재를 활용할 수 있다는 점이 SLS 3D 프린터의 특징이다. 레이저를 통해 녹이고, 이를 굳힐 수만 있다면 광범위한 종류의 원료를 활용할 수 있다. 플라스틱이나 모래, 알루미늄 등이 대표적이다. 또 원료의 특성에 따라 완성되는 물체의 품질이 결정되기 때문에 3D 프린팅 기술 업계에서 원료에 대한 연구가 가장 활발하게 이루어지는 분야이기도 하다.

단, 분말 형태의 원료를 이용하기 때문에 완성된 모형은 세라믹이나 기타 방식을 통해 다듬어 완성도를 높이는 과정을 거쳐야 한다. SLS 방식의 3D 프린터는 가격이 비싸 가정이나 소규모 업종에서 활용하기 어렵다는 점도 대중화의 발목을 잡는 요소다.

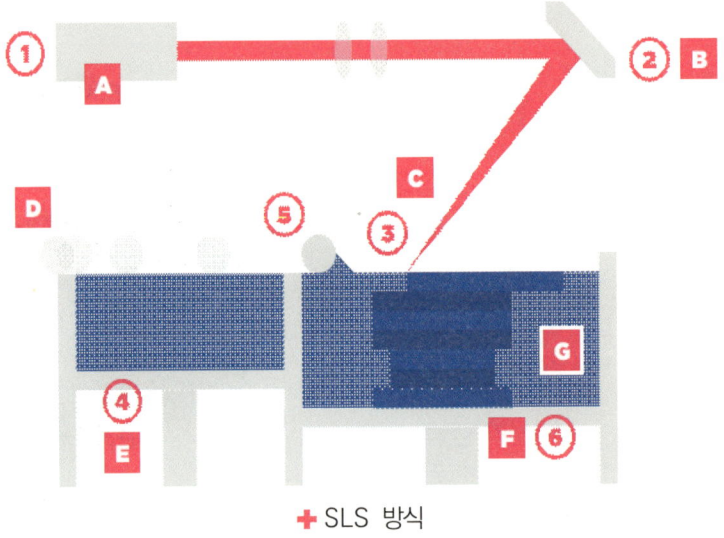

✦ SLS 방식

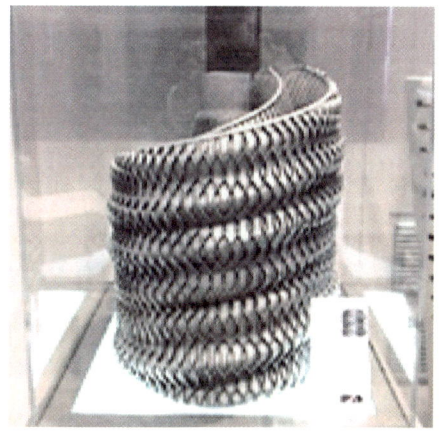

+ SLS 출력물

② **3DP(Color Jet 3D Printing)**: PBP(Powder Bed and inkjet head 3D Printing)와 같은 방식이다. 잉크젯 프린터 원리를 이용한 이 기술은 프린터 헤드의 노즐에서 액체 상태의 컬러잉크와 경화물질(바인더)을 분말 원료에 분사하여 조형하는 방식이다. 출력 과정이 완료되면 분말을 제거하고 표면 처리를 한다. 이 작업은 세부 기술에 따라 자동과 수동으로 진행된다.

  2D 인쇄에 사용되던 CMYK 컬러 잉크를 그대로 사용하기 때문에 조형하고자 하는 컬러를 거의 그대로 출력이 가능해 최상의 디테일을 얻을 수 있는 장점이 있다. 다만 조형 과정이 완료된 후 분말을 제거하고 표면 처리를 해야 하는 번거로움이 있다.

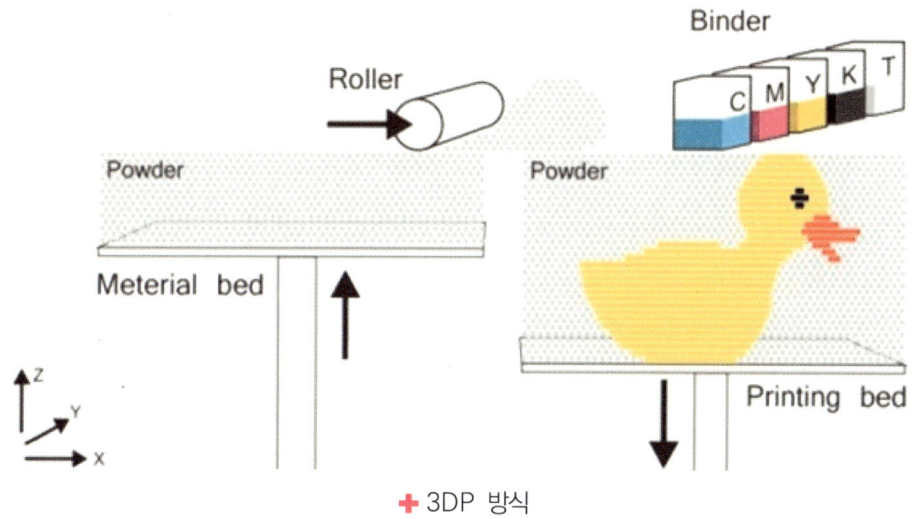

+ 3DP 방식

+ 3DP 출력물

조형 방식	정확도	표면마감	제작속도	재료강도	가격	운영비	컬러
SLA	2	2	4	4	3	2	△
DLP	2	2	1	4	2	2	△
POLYJET	2~3	1	3	2~5	5	5	△
MJM	1	2	3	5	5	5	X
FDM	5	5	6	2	1	1	△
SLS	3	2	5	1	6	6	X
3DP	5	5	2	6	4	3~4	O
LOM	5	5~6	3	3	4	1	△

1 = excellent 2=very good 3= good 4= average 5=fair 6=poor

출처 : 산업디자인을 위한 RP 활용가이드

+ 3D 프린터 종류별 비교

위 표와 같이 3D 프린터는 소재에 따라 장비의 종류와 방식이 구분되며 사용자의 목적에 따라 정밀도, 표면 마감, 제작 속도, 재료 강도, 가격, 운영비, 채색에 대한 충분한 조사가 필요하다.

현재 FDM 방식이 가격과 운영비 측면에서 가장 저렴하기 때문에 대표적인 보급형 장비로 사용되고 있지만 기술 개발로 인해 DLP, SLA 장비 또한 보급형 장비로 많이 소개되고 있다.

> 많은 종류의 3D 프린터가 소개되고 있지만 어떤 목적으로 어떤 결과물을 출력할 것인지에 대한 확실한 목적을 통해 장비를 선택해야 한다.
> 소재, 정밀도, 마감, 속도, 강도, 가격, 운영비, 컬러, 후가공 장비 선택시 꼼꼼히 확인해야 한다.

(4) 3D 프린터 종류에 따른 발전사

3D 프린터의 기술적인 접근은 RP(Rapid Prototyping)이라고 불리는 쾌속조형 방법이었다. 1981년 일본 나고야시공업연구소의 히데오코다마 박사에 의해 특허 출원되었지만, 특허 절차 기한인 1년 안에 설명서를 기재하지 못했기에 특허는 무산되었다.

그 후 1986년 3D 프린터의 첫 번째 특허는 SLA(광경화성 수지 적층 조형) 기계를 만든 척 헐(Chuck Hull)에게 주어진다. 척 헐은 현재의 3D System사를 설립하고 2년 후 1988년 산업용 3D 프린터가 세계 최초로 상용화되었다.

1987년에는 미국 오스틴의 텍사스 대학에서 학생이었던 Carl Deckard가 Joe Beaman 교수의 도움을 받아 SLS(선택적 레이저 소결 조형) 방식의 3D 프린터의 특허를 1989년에 취득했다. 작동 원리는 플라스틱 가루 위에 원하는 모양으로 접착제를 뿌린 뒤 남은 가루를 날리는 방식이었으며 현재의 SLS 방식의 시초가 된다고 할 수 있다. 이 특허는 이후 DTM사가 상용화 하였으며 현재 해당 기업은 3D System사에 인수 합병되었다.

또한 1989년에는 FDM 방식의 특허도 출원되었는데, 해당 방식은 스콧크럼프(Scott Crump)가 취득하였으며 이후 스콧크럼프는 스트라타시스(Stratasys)사를 설립해 판매용 3D 프린터를 개발을 시작하였으며 1991년에 최초로 상용화가 되었다. 스트라타시스는 현재 세계 1위의 3D 프린터 제조업체이며 가장 널비 보급된 FDM의 상표권을 보유하고 있다. 특허 만료를 통해 공개된 정보 이외에 스타라타시스가 보유한 핵심 기술에 법리적인 문제로 인해 FDM 방식의 용어 표현과 함께 일부에서는 FFF방식(Fused Filament Fabrication)으로 사용한다.

3D 프린터가 그 이름을 얻어 대중에 알려진지는 얼마 되지 않았지만 실제 현장에 도입된 지는 꽤 긴 시간이 흘렀다. 원래는 Rapid prototyper라는 이름으로 기업에서 목업(MOCK UP)을 제작하는데 주로 사용되었다. 아직 이때까지만 해도 하나의 모형을 제작하기 위해 많은 시간 투자가 필요했으며 각 각의 방식과 계산법에 따라 제작비용에 대한 기준이 애매했으며 상당히 고가인 이유로 일반인과 기업에게 큰 부담이 되었다.

3D 프린터가 대중에게 알려지고 익숙해지기 시작한 시기는 비교적 생산비용이 저렴하고 제작 시간이 짧은 FDM 방식이 상용화된 6~7년 전 부터이며, 이때 전후로 3D 프린터라는 용어가 쓰이기 시작했고 매체를 통해, 그리고 실제로도 쉽게 접할 수 있게 되었다.

1984 : 3D Systems사 Chuck Hull이 최초로 3D로 된 물건을 프린트 할 수 있는 기술을 개발함.
1986 : SLA이라 이름을 정하고 특허 획득함.
1988 : 미국 3D시스템즈 사가 SLA 방식 첫 상용화, Scott Crump가 FDM방식의 프린터 개발함.
        LOM 방식 특허 획득
1989 : SLS방식 특허 획득 , Scott Crump가 스트라타시스(Stratasys)사를 세움.
1990 : FDM 방식 첫 상용화
1992 : 스트라타시스 사는 최초로 FDM기반의 장비인 '3D모델러' 출시, SLS 방식 개발,
        SLA 방식 Layer by Layer 방법으로 파트 완성
1993 : MIT에서 2D프린터에서 사용된 잉크젯기술과 유사한 잉크젯 기반의 3차원 프린팅
        기술 특허를 획득함.
1996 : 스타라타시스 "Genisys", 3D Systems "Actua2100", Z Corporation "Z402" 출시
2002 : 3 차원 KIDNEY 동작
2005 : 시장 최초의 고하질 컬러 3D 프린터인Z Corporation "Z510" 출시,
        RepRap의 오픈 소스 기반 3D 프린터 소개
2006 : GNU라이선스에 의해서 누구나 재배포가 가능하고, 누구나 수정 가능한 3D프린터인 렙랩 (RepRap)
        제작관련 오프소스 프로젝트가 시작됨.
2007 : SLS 방식 대량 제조화, Objet사에서 다양한 재료를 프린팅 가능한 제품 출시
2008 : RepRap에서 부품의 50% 정도를 프린터 자체적으로 제작 가능한 프린터 렙랩이 최초 배포
2009 : MakerBot 3D 프린터 DIY Kit 시장에 출시됨
2010 : 세계 최초 3D 프린터로 제작한 자동차 Urbee가 발표됨.
2011 : Southampton 대학 기술자들이 세계 최초 3D 프린터로 제작한 시험용 비행체 비행 성공
2012 : 네덜란드에서 3차원 프린터로 인공턱 구현, FDM 방식 특허 만료.
2013 : 줄기세포 기반 3D 프린터 인공장기 소개, 권총 3D CAD 도면 인터넷 업로드
2014 : SLS 방식 특허 만료.

출처 : 3DMAC

　3D 프린터는 약 30년 전 부터 다양한 분야에서 활용되어 왔으며 산업 발전에 큰 역할을 해왔다. 각 산업분야에 특성에 따라 다양한 종류의 3D 프린터와 소재가 지속적으로 개발되었다.

　세월이 흘러 기간에 따른 3D 프린터 방식별 특허가 만료되면서 대중에게 공개되고 응용할 수 있게 되었으며 FDM 방식의 특허 만료는 기업과 개인, 누구나 3D 프린터를 만들 수 있는 계기를 마련하게 되었다. 이를 통해 자율적인 경쟁과 핵심 부품에 대한 수급이 용이해지면서 여러 업체 및 개인이 3D 프린터를 출시하게 되었고 자연스럽게 가격이 낮아지고 대중이 쉽게 3D 프린터를 구매할 수 있게 되었다.

　FDM 방식의 3D 프린터 보급에 따라 저렴한 소재(필라멘트)가 출시되면서 대중화에 더욱 박차게 되었다.

구분	산업용 3D 프린터	보급형 3D 프린터
조형 방식	SLS, CDP, LOM, MJP, Polyjet 등	FDM, 일부 SLA, DLP
정밀도	평균 16um	평균 100um
출력물 강도	강함	약함
표면 마감	높음	미흡
재료의 다양성	약 200여가지	약 20여가지
가격	2,000만원 ~ 20억	500만원 이하
운영비	1,000만원 ~ 2억	100만원 이하
오픈소스	없음	다양함

✚ 보급형 3D 프린터 VS 산업용 3D 프린터

3D 프린터의 가격이 낮아지는 상황에서 아직까지 우리가 접할 수 있는 3D 프린터는 보급형 3D 프린터로 한정적이다. 그 이유는 아직 만료되지 않은 특허권을 보유하고 있는 글로벌 기업이 주도하고 있으며 핵심 부품에 기술적 접근이 어려운 상황이다. 이에 우리는 보급형 3D 프린터의 활용 방법과 목적에 대해 끊임없는 도전을 함과 동시에 앞으로 발전되어 소개되는 산업용 3D 프린터의 기술을 받아들일 준비를 해야 할 것이다.

1-2 3D 프린터 소재

통계에 따르면 전 세계 3D 프린터 사용자의 80% 정도가 FDM 방식의 장비를 사용하고 있으며 사용 소재는 플라스틱 계열의 ABS와 PLA 수지를 이용한 필라멘트 형태로 되어 있다.

1) 보급형 방식

시중에 판매중인 FDM 방식 필라멘트는 대부분 롤 형태로 되어 있으며 직경이 1.75mm, 2.75mm로 구분되며 소재를 토출하는 노즐 사이즈에 직경이 결정된다. 중량은 0.5KG, 1KG, 3KG 등 각 제조사별로 차이가 있다. 현재 특수한 재질을 표현할 수 있는 필라멘트는 기본이 되는 플라스틱 원료에 일정 비율로 첨가제를 넣어 느낌을 살리는 정도이다.

(1) ABS(Acrylonitrile Butadiene Styrene)

스타이렌·아크릴로나이트릴·뷰타다이엔의 세 성분을 혼합하여 만들어졌으며 가공하기 쉽고 내충격성이 크고 내열성이 좋아 자동차, 부품, 헬멧 등 다양한 전기기기 부품으로 쓰인다.

일반 플라스틱과 유사한 강도를 지니고 보통 유백색으로 불투명하며 착색과 성형성이 우수한다. 내충격, 강도, 내수성, 전기적 성질이 우수하고, 용제에는 침식되나 약산, 약알칼리에는 견딘다. 고온에서 변형을 주의해야하며 밀폐된 공간에서 플라스틱 냄새가 날 수 있는 단점이 있다. 또한 습도에 유의하고 소재 특성에 의해 변형·수축할 수 있는 단점이 있으며 후가공이 용이하다.

/특징/
- 외부 환경이나 기기의 특성에 따라 변형이나 수축이 있다.
- 고온의 온도에 반응하며 변형이 생긴다.
- 모형 출력 후 표면 가공, 채색 등 가공이 용이하다.
- 분진이 발생하며 냄새가 난다.
- 출력과 가공을 할 때 환기, 전기, 안전장비 착용에 대한 철저한 교육과 대비가 필요하다.

(2) PLA(Poly Lactic Acid)

PLA는 옥수수와 사탕수수 원료로 만들어진 친환경 수지로 고분자 생분해성이며 ABS보다 유해요소가 적다. 일반 플라스틱 ABS와 비교하여 80% 이상의 강도이며 이산화탄소 발생량이 적다. ABS보다 수축이 덜하고 찌꺼기가 적다. 점착성이 우수하고 융점이 일정하며 기포발생이 적다. 물에 반응하며 완성물은 60~70도 이상의 온도에서 변형이 있을 수 있다.

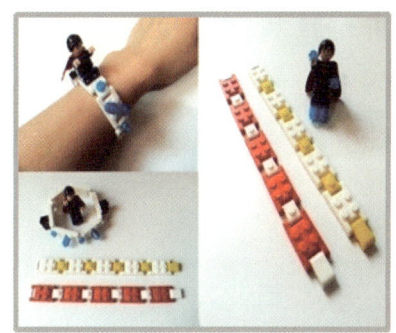

/특징/

- 옥수수와 사탕수수 원료로 만든 친환경적 소재로 화학원료로 만든 소재보다는 덜 유해하다.
- 출력 중 수축과 변형이 적으며 출력 후 열에 반응하고 변형이 생긴다.
- 면 가공이 힘들고 채색 방법의 한계적이다.

(3) TPU(Thermoplastic polyurethane)

혼합율에 따라 탄성과 연성을 갖고 있으며 내구성이 강하며 마모가 잘 되지 않는 재질로 강도가 뛰어나다. 의료기기, 헬스케어, 전기전자 응용 부품, 패션 신발 등 다양한 분야의 제품에 사용 가능하다. 장비 기능에 따라 별도의 압출기와 노즐을 구매해야 한다.

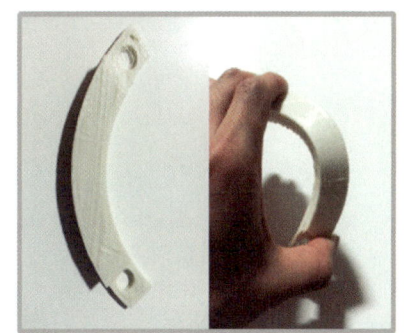

/특징/

- 탄성과 고무의 특성을 지닌 소재로 활용도가 높다.
- 표면이 다소 고르지 않고 거친 느낌이며 후가공이 까다롭다.
- 제조사별 연성 비율에 따라 압출기와 노즐을 선택하여 적절한 온도 값이 필요하다.

(4) 특수필라멘트 WOOD 목분

나무 첨가물을 혼합하여 나무 느낌을 표현할 수 있다. Layer height를 높게 설정해야 나무 질감이 살아난다.

/특징/
- 목분 첨가 비율에 따라 다양한 나무 재질의 느낌이 표현 가능하다.
- 출력 온도와 조건에 따라 색상의 차이가 있다.

(5) 특수필라멘트 Copper 구리

연마과정을 통해 광택을 살릴 수 있다.

(6) 특수필라멘트 Glow Fill 야광

혼합 비율에 따라 햇볕에 노출되는 시간이 길수록 야광으로 빛나는 시간이 길어진다.

 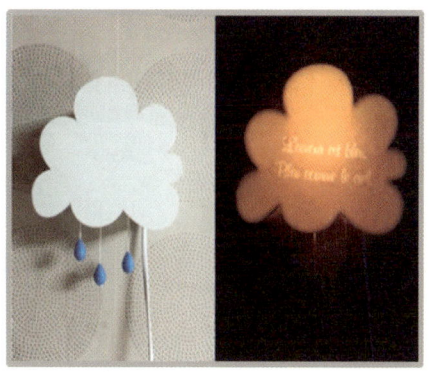

> **T.I.P** 다양한 종류의 특수 필라멘트가 꾸준히 출시되고 있다. 필라멘트 선택 시에는 소재의 사용 온도, 속도, 냄새, 후 가공에 대한 충분한 조사가 필요합니다.

2) 산업용 방식

산업용 장비에서 사용되는 소재는 고무, 나일론, 플라스틱, 스테인레스 스틸, 티타늄에 이르기까지 매우 다양하다. 또 몇 가지 재료를 혼합해서 3D 프린팅 할 수도 있다. 3D 프린팅하는 것은 일반적인 상품만 가능한 것이 아니다. 신체 장기를 인쇄할 때는 세포를 3D 프린팅 재료로 사용하기도 하며, 식재료를 이용하여 음식을 프린팅하기도 한다. 3D 프린팅한 제품은 별도로 접합할 필요 없이 조립된 채로 출력할 수 있다.

(1) 초콜릿 Chocolate

초콜릿을 사용하여 아름다운 디자인의 초콜릿을 맛볼 수 있다. 일정 용량의 주사기 통해 조형하며 원통형의 지지대와 열을 전달하는 히터로 구성되어 있으며, 히터에서 발생하는 열을 이용해 초콜렛 원료를 반고체 상태로 멜팅 후, 짜내면서 디자인을 조형한다. 크림, 젤리와 같은 재료도 널리 쓰일 것이다.

➕ 초콜렛 3D 프린트(이미지 출처: www.brit.co/3D-printed-foods)

(2) 바이오 잉크 Bio-Ink

바이오 잉크는 체내의 세포 및 줄기 세포로 부분별 조직을 생성한다. 줄기세포와 배양액을 사용하여 세포를 생성하여 간, 신장, 심장 등 인공장기를 만들어 내는 데 도움을 줄 것으로 보인다.

➕ Maki Sugimoto

(3) 뼈 재질 Bone Material

인산, 칼슘, 규소, 아연 구성 물질과 같은 의료용 인공뼈 모형을 만드는데 사용된다. 콜라겐은 인체의 뼈와 피부를 구성하는 성분이며 고분자 물질이나 금속과 달리 이들 재료는 내부에 살아 있는 세포가 들어있으므로 실제 인체에 적용하려면 뼈와 혈관이 자랄 수 있도록 곳곳에 뼈와 혈관 생성을 돕는 단백질을 주입해야 한다.

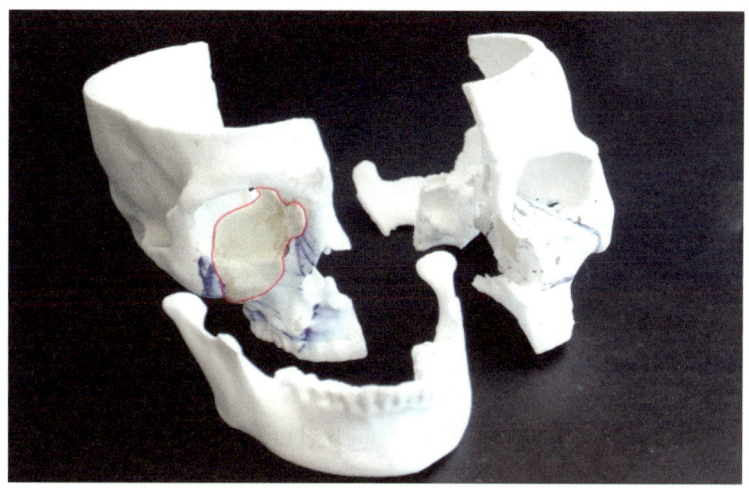

✚ 전자정보연구센타 http://www.eiric.or.kr/

(4) 디지털 복합 재료 Objet Digital Material

한번의 출력으로 여러 재료와 컬러를 사용 할 수 있다. 디지털 재료는 두 개 혹은 세 개의 PolyJet 포토폴리머를 특정한 농도와 미세 구조로 결합시켜 혼성 특성을 갖는 복잡 재료를 만드는 데 이용된다. 반투명 고무 유사 재료와 경질 불투명 재료 또는 투명 재료와 고무재료 강도가 높은 재료 등을 조합하여 기능별 부품의 특성에 맞도록 조형물 제작이 가능하다.

✚ 코넥스3으로 만든 자전거 컬러 헬멧. 스트라타시스 제공

(5) 고무재료 Flexble

3D 프린팅에 사용되는 전용 고무 재료이다. 고무 재질의 광경화성 수지를 사용하면 다양한 값의 경도, 신장 및 인열 저항성으로 고무를 시뮬레이션할 수 있다. 회색, 검은색, 흰색 및 불투명의 고무 재질의 재료를 사용하면 부드러운 감촉의 핸들에서 신발에 이르기까지 매우 다양한 완제품을 모사할 수 있다.

+ 고무 재질 신발. 스트라타시스 제공

(6) 모래 재료 Full Color Sandstone

이 소재는 거의 모든 색으로 3D 작품을 표현할 수 있다. 아키텍처, 액션 피규어, 및 캐릭터 모델에 대한 복잡한 디자인도 표현 가능하다. 모래 재료는 어디서든 구하기 쉬우며 소재 가격이 저렴하다.

+ Close-up of the phenolic-bounded sand mold

(7) 유리 Glass

모래 재질 방식과 매우 유사하며 유리의 고유 특성을 살리기 위해 투명성, 투과성, 가공에 편의성, 녹는점, 냉각점, 균열에 대한 연구가 활발히 진행되고 있다. 가장 중요한 핵심은 온도이다. 첨가물과 온도에 따라 다양한 형태의 결과물을 얻을 수 있다.

╋ Mediated Matter Group

(8) 피부 Skin

바이오 잉크와 마찬가지로, 3D 프린터는 피부 재생 소재로 대처 가능하다.

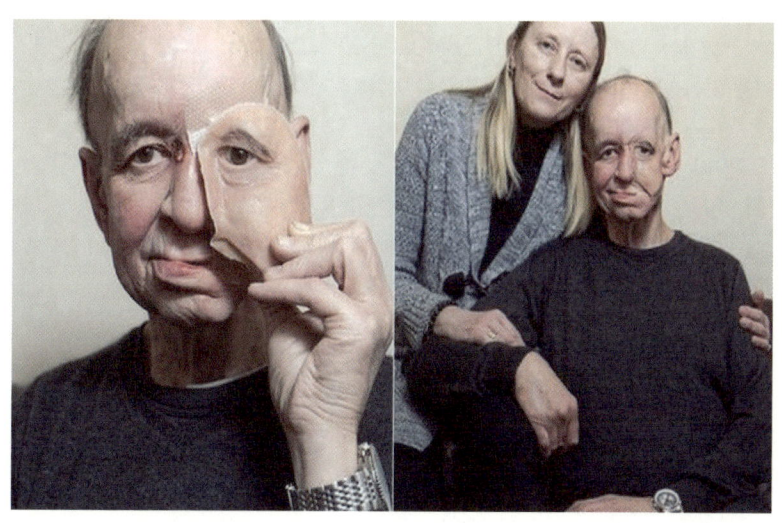

(9) 종이 재료

종이를 사용하여 조형물을 제작할 수 있다. 강도가 나무 재질 정도 되며 드릴로 구멍을 뚫는 작업도 가능하다. 정밀도(표면조도)가 우수하며 컬러 표현이 자유롭다. 간단한 후처리를 통해 ABS 플라스틱 강도를 갖게 되며 다른 산업용 방식의 3D 프린터 보다 재료비가 경제적이다. 의료, 교육, 피규어, 신발, 지형, 복원, 건축 모형, 3차원 사진 등 다양한 분야에 응용 가능하다.

http://www.oinkfrog.com/2014/01/mcor-iris-first-prints.html

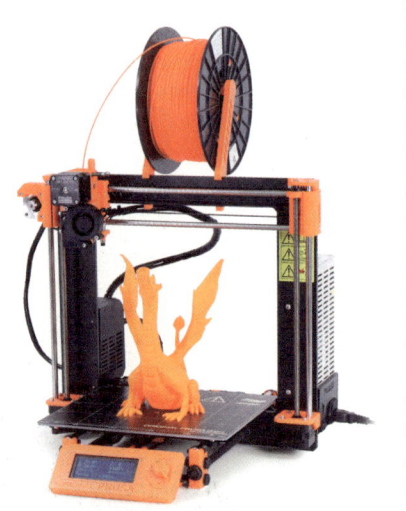

✚ Prusa i3 MK.2 original
출처: http://www.prusa3D.com

상용 3D 프린터 기업인 'Ultimaker'는 자사의 프린터와 프로그램을 인터넷상에 설계도까지 공개하고 있다. 또한 적지 않은 수의 3D 프린터 기업들이 자사의 제품정보를 사용자와 공유하고 있다. 이는 가장 전형적인 Open Business Model로 3D 프린터를 사용하는 매니아층의 경험과 아이디어를 자사의 제품 향상을 위해 사용하고 구매자들의 '고객 Needs'를 제품개발에 반영하기 위함이다.

가장 대표적인 자작 3D 프린터로는 Prusa i3가 있다. Prusa는 체코의 제작자 이름으로 그는 모든 자료를 공개하고 있으며 자신이 직접 제품을 제작하여 판매하기도 한다. 판매제품 구매자가 직접 조립해야 하는 KIT형과 조립되어 판매되는 완제품형 두 가지가 있다. 아쉽게도 현재(2017년 2월)는 국내 판매딜러가 없어 해외 구매를 해야만 한다. 그러나 맘만 있다면 파생된 유사제품을 구할 수도 있고 기본적으로 대부분의 자료들이 공개되어 있어 재료를 개별적으로 구매하거나 직접 출력하여 자작하는 것도 어렵지 않다.(실제 국내에서 많은 3D 프린터 DIY 도전자들이 자작 방식으로 조립하고 있다.) 최근 들어 3D 프린터에 대한 관심이 높아지고 있어 개인적으로 구매가 늘어나고 있다. 그러나 아직 쓸 만한 3D 프린터의 가격은 300만 원 선에서 형성되고 있어 선뜻 구매로 이어지지는 않고 있다. 그래서 DIY쪽으로 관심을 돌리고 있다. 재료비 약 50만 원 선에서 자작을 하면 200만 원 선의 중급 3D 프린터 기종의 성능의 제품을 얻을 수 있으니 매력적인 조건이라 하겠다. 물론 제작자의 숙련도와 사용된 부품의 품질에 따라 결과물의 품질에 차이는 발생할 수 있다. 그러나 만들어가는 과정에서 3D 프린터의 원리를 깨닫고 이를 통해 스스로 튜닝을 할 수 있는 역량이 갖출 수 있어, 저렴한 3D 프린터 소유와 3D 프린터 준 전문가화라는 두 마리의 토끼를 모두 잡을 수 있다. 최근 들어 자작 3D 프린터 관련 자료들이 인터넷에 무료로 공개되고 부품 또한 손쉽게 구할 수 있어 3D 프린터를 직접 제작하려는 이들에게 좋은 환경이 형성되고 있다. 또한 이러한 취미가 창업으로 이어지는 경우도 쉽게 접할 수 있다. 대부분의 자작 3D 프린터는 FFF 방식이다.

3D 프린터 자체제작방법으로는 3D 프린터 자작 KIT, 그리고 모든 부품을 구매하거나 자작하여 조립하는 방법이 있다. 처음 3D 프린터 자작에 도전하고자 하는 사람에게는 Kit를 권한다.

3D 프린터 자작에 앞서 사전에 준비해야 할 것은 자신의 제작 목적과 수준에 맞는 프린터를 선택하는 것이다. 인터넷 상에서 3D 프린터 관련 자료들은 쉽게 구할 수 있으며 언어적으로 불편함이 없다면 어마어마한 자료를 구할 수 있을 것이다. 다음은 3D DIY를 위해서 참조할만한 인터넷 사이트들이다.

✚ 자작 Prusa i3 부품

3D 프린터 제작·안내 정보

3RepRap(http://rerap.org) : 오픈소스 3D 프린터 프로젝트. 3D 프린터 제작에 대한 상세한 가이드가 있음. Prusa도 이곳에서 시작된 제품임

- 한국 RepRap 유저 그룹(http://forums.reprap.org/list.php?207): 척박한 국내 3D 프린터 제작 환경에서 그나마 한글로 된 피드백을 받을 수 있는 곳
- 자이스트(http://xyzist.com) : 한국형 렙랩 정도의 사이트 새로운 3D 프린터 관련뉴스를 쉽게 접할 수 있음
- Prusa Mendel Build Manual : RepRap 최신 제품인 Mendel 모델 제작 매뉴얼 다운로드

3D 프린터제작용 부품판매

- 디바이스마트 (https://www.devicemart.co.kr/goods/list.php?category=006015004)
- Light in the box (http://www.lightinthebox.com/ko/c/industry-3D-printer-parts-accessories_35819)
- 삼디몰(http://storefarm.naver.com/3Dp)

1-3. 소재를 3D 프린터에 장착

1) FDM 방식 3D 프린터 소개 및 재료

저가용 3D 프린터로 실생활에서 가장 많이 사용되고 있는 FDM 방식의 3D 프린터 방식은 플라스틱을 사용하여 출력물을 출력한다. FDM 방식의 3D 프린터가 저가형이긴 하지만 3D 프린터 전체 중 저가형이지 결코 실생활에서 사용하기에 저렴한 가격은 아니다. 보통의 가격이 100~200만 원대를 형성하고 있다. 그래서 렙랩(RepRap) 프로젝트가 나오게 되었다.

(1) 렙랩(RepRap) 프로젝트

렙랩 프로젝트는 영국에서 시작되었으며 오픈소스를 지향하는 프로젝트 단체이다. 주로 FDM(Fused Deposition Modeling) 방식을 사용하는데 렙랩에서는 FFF(Fused Filament Fabrication)라 부른다. 이유는 용어에 대한 상표 문제를 방지하기 위해서이다. 국내외 저가형 3D 프린터가 다수 등장할 수 있었던 건 렙랩 프로젝트 덕분이라고 해도 과언이 아니다. 렙랩에서는 3D 프린터 제작에 필요한 도면이나 소프트웨어 정보들이 모두 오픈소스로 공개되어 있기 때문이다.

③ 상단도어를 열고 필라멘트를 본체내부의 테프론 튜브 입구까지 나오도록 밀어 넣습니다.

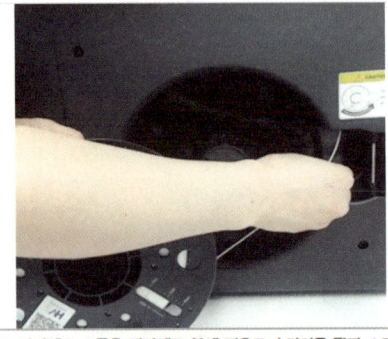
④ 필라멘트 스풀을 필라멘트 봉에 끼우고 손잡이를 딸깍 소리가 날 때까지 눌러 스풀 도어를 닫고 스풀을 고정시킵니다.

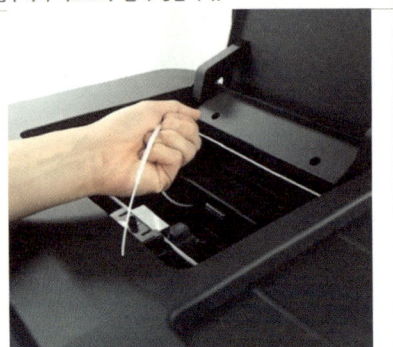

✚ 큐비콘 프린터 소재장착하기

1-4. 정상 출력 여부를 파악

3D 프린팅에서 재료는 다양한 방법으로 플랫폼 위에 성형되어 출력물이 만들어진다. 따라서 출력 도중에는 플랫폼에 재료가 견고하게 부착되어 있어야 하며, 출력이 종료되면 플랫폼에서 출력물을 쉽게 제거할 수 있어야 한다.

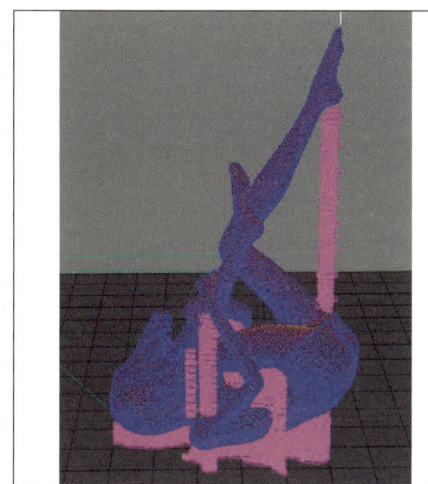

◀ 시뮬레이션 결과 Support가 줄어들었고, 바닥면도 적당히 잘 깔렸습니다.

✚ 출력 여부 파악

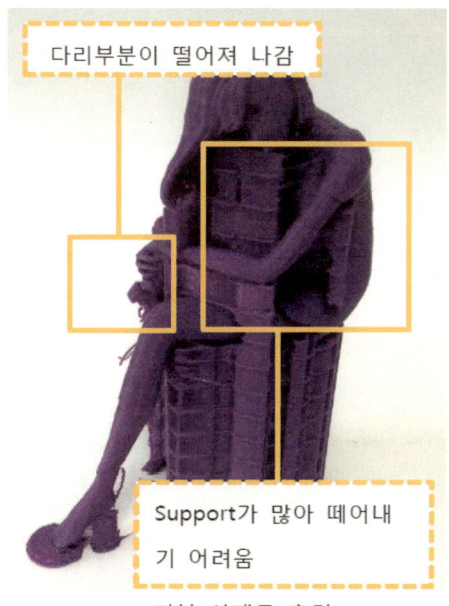

▲ 기본 상태로 출력

- 다리부분이 떨어져 나감
- Support가 많아 떼어내기 어려움

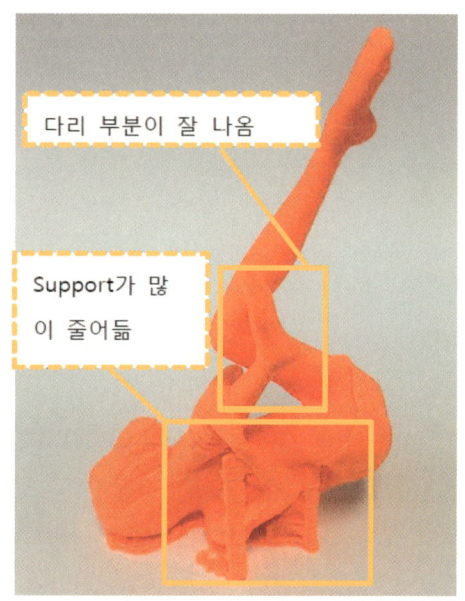

▲ 회전 적용해서 출력

- 다리 부분이 잘 나옴
- Support가 많이 줄어듦

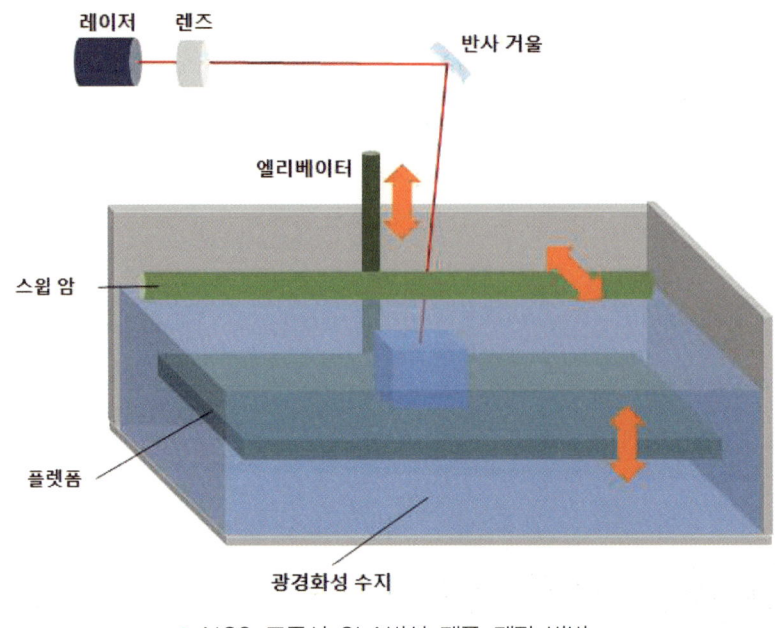

+ NCS 표준서 SLA방식 제품 제작 방법

❷ 데이터 준비하기

2-1. 데이터 업로드 방법

1) 데이터 업로드 방법

설계 프로그램으로 모델링 후 3D 프린터로 데이터를 전송하여 출력하는 방식이다. 데이터를 전송하는 방식에 있어서는 컴퓨터가 직접 3D 프린터에 연결되어 있거나 SD카드 등을 이용하여 이동식 저장소에 저장하여 직접 3D 프린터에 데이터를 연결하는 방법이 있다.

대부분의 설계 프로그램들은 STL파일을 제공하기 때문에 3D 프린터로 출력하고자 하는 파일을 STL파일 형식으로 저장한다. 3D 프린터 회사마다 지원하는 3D 프린터 파일로 변환하는 프로그램들이 있다. 거기서 STL파일을 실행하고 해당 3D 프린터에 맞게 설정하면 3D 프린터로 출력이 가능하다.

2-2. 데이터 업로드 방법에 따라 G코드 파일을 업로드

    3D 프린터 제작사들은 해당 회사의 장비에서만 적용되는 CAM파일을 사용하고 있으며, 이 파일의 구조를 공개하는 곳은 드물다. 하지만 대부분의 경우 가공 파일은 NC가공 기계에서 사용하는 G-code와 유사하며, 일부 G-code로 출력되는 경우도 있다.

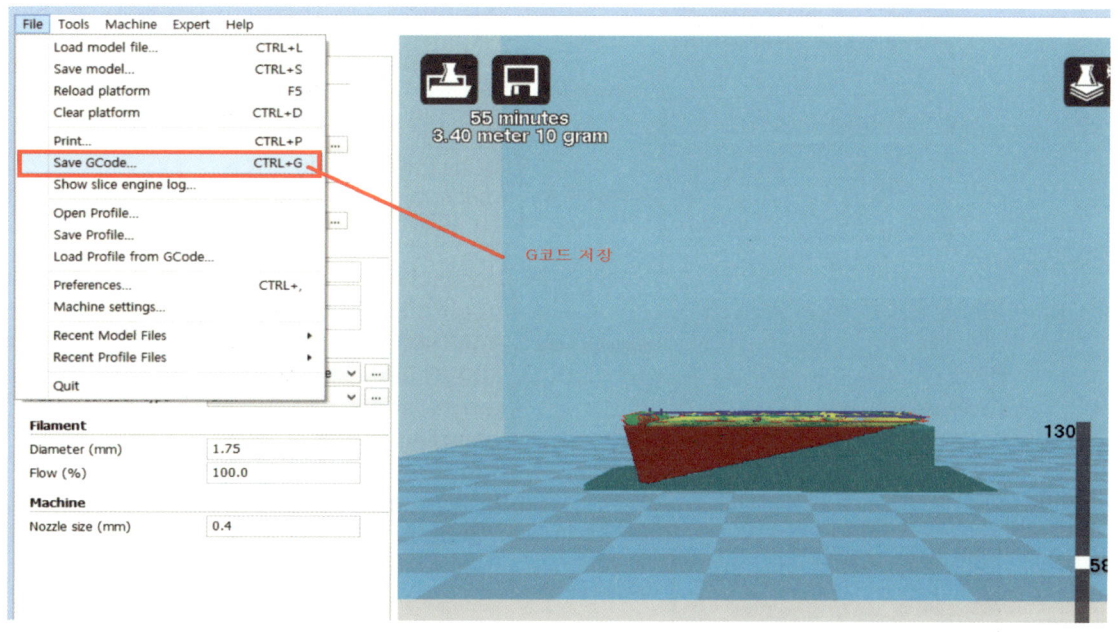

    대부분의 3D 프린터에는 LCD화면이 장착되어 있다. 3D 프린터에 장착된 LCD화면으로 3D 프린터의 제어가 가능하다. SD카드 불러오기, 필라멘트 교체에 대한 기능, 히팅베드 영점 조절, 노즐과 히팅베드 온도 조절 등 3D 프린팅 출력에 대한 다양한 기능들을 LCD화면으로 제어가 가능하다. G코드 파일 정상적인 업로드 확인도 LCD화면에서 확인 가능하다. 알맞은 파일이 업로드가 되었다면 3D 프린터가 인식을 하여 노즐과 히팅베드에 온도를 올리면서 동작을 시작할 것이다.

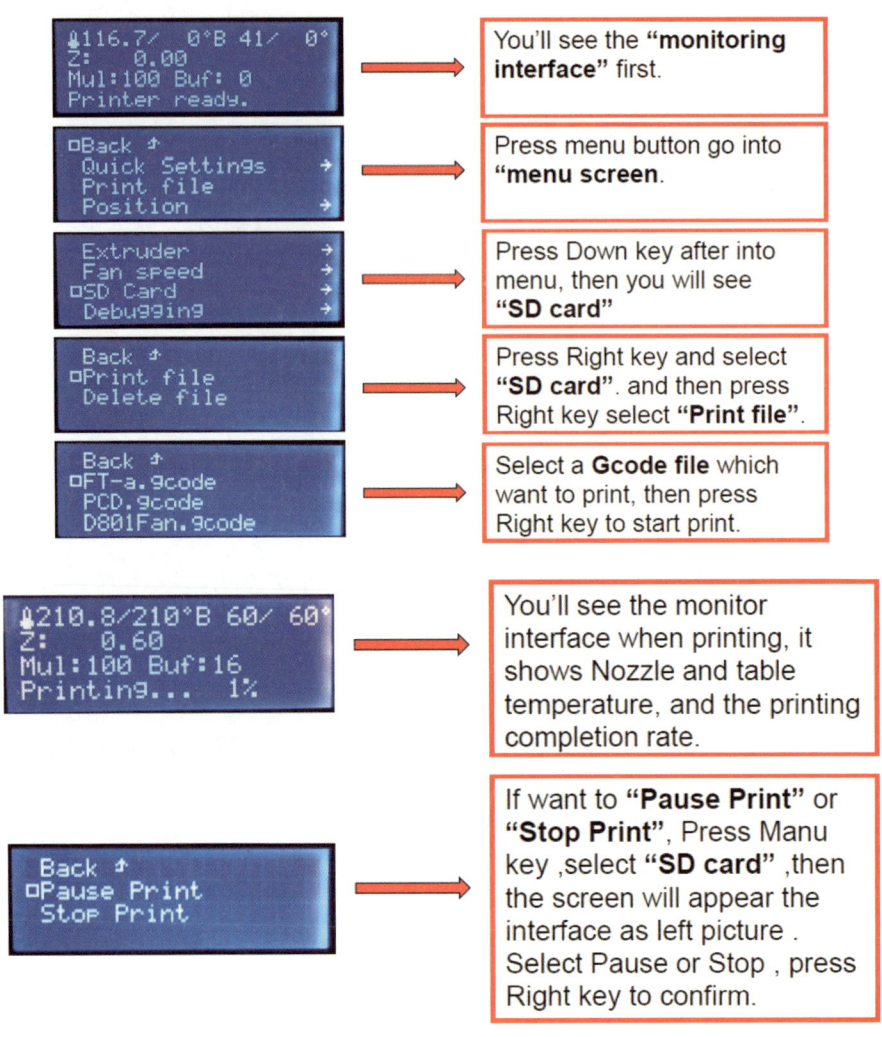

+ 업로드 확인 LCD창을 통한 파일 선택

2-3. 3D 프린터 LCD화면을 통해 파악

1) 출력을 잠시멈춤(Pause)하기 위해 [OK]버튼을 눌러 기능 메뉴를 나오게 하고, {Pause Print}를 선택한다.

① 오른쪽 그림처럼 출력을 진행 중 입니다.

출력을 잠시멈춤(Pause)하기 위해 **[OK]**버튼을 눌러 기능메뉴를 나오게 하고, **{Pause Print}**를 선택합니다. 메뉴의 구성은 출력대기상태와 다릅니다.

2) {Pause Print}를 선택하고 잠시 기다리시면 출력 동작을 멈추고 프린터의 Extruder(압출기)는 대기위치(뒤쪽중앙)로 이동한 후 고정된다.

출력동작은 즉시 멈추는 것이 아니라 프린터 본체 버퍼 메모리의 Data를 출력한 후 멈춘다.

② **{Pause Print}**를 선택하시고 잠시 기다리시면 출력 동작을 멈추고 오른쪽과 같은 메뉴가 나옵니다. 이때 프린터의 Extruder(압출기)는 대기위치(뒤쪽중앙)로 이동한 후 고정됩니다.
출력동작은 즉시 멈추는 것이 아니라 프린터 본체 버퍼 메모리의 Data를 출력한 후 멈추며, 출력물에 따라 이 시간은 달라 질 수 있습니다.

3) 출력 시작 과정과 마찬가지로 새로운 필라멘트를 준비하고 출력 준비를 한다.

③ 이후는 이전에 설명한 것을 참조로 하여 다음의 과정을 진행합니다. (과정만 참고로 기록합니다.)
{Unload Filament} → 노즐히팅 → "Pull Out Filament" 필라멘트 뽑아내기 → Unloading Stop → [BACK]
→ 스풀캐리어의 필라멘트 스풀을 교체 후 본체의 테프론튜브 끝단까지 필라멘트 밀어 넣기
→ {Load Filament} → 노즐히팅 → 필라멘트 넣기 → Loading Stop → [BACK]

4) {Continue Print} 메뉴를 선택하고 출력을 시작한다.

④ 필라멘트를 교체한 후에는 (Continue Print) 메뉴를 선택해서서 출력을 계속하시면 됩니다.

프린터의 Extruder와 히팅베드는 잠시멈춤을 시작한 위치로 돌아가 출력을 계속하게 됩니다.

```
>Continue Print
 Load Filament
 Unload Filament
 Stop Print
```

T.I.P 교체 시간이 길어지면 기존 출력된 조형물과 수축에 의한 오차가 생길 수 있습니다.

❸ 장비 출력 설정

3-1. 작동 방법, 원리, 출력 방식

1) 3D 프린터 방식과 원리

(1) 3D 프린터란 무엇인가?

2차원 프린터와 달리 3차원 프린터는 밀링 또는 절삭이 아닌, 기존 잉크젯 프린터에서 쓰이는 것과 유사한 적층 방식이다.

3차원의 입체로 제작하는 장치를 말하며, 컴퓨터로 제어되기 때문에 만들 수 있는 형태가 다양하고 다른 제조 기술에 비해 사용하기 쉽다.

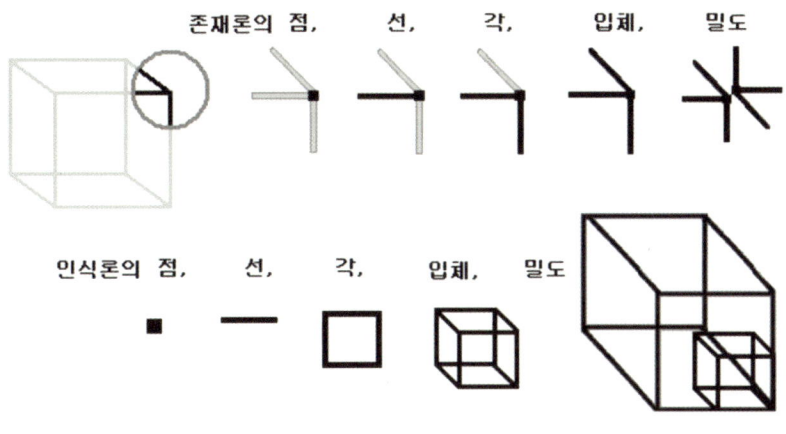

+ 점, 선, 면, 입체

즉, 주변의 일반 프린터가 평면으로 된 2D 개체를 스캔, 복사, 출력하는 것처럼 3D 프린터는 3D로 디자인된 정보를 입력받아 반복적인 적층을 통해 입체적인 형태로 출력한다. 3D 프린터는 디지털로 된 도면을 이용해 비교적 간편하게 입체적인 물건을 만들어 낸다.

(2) 3D 프린터 구동원리

대부부의 3D 프린터는 기본적으로 적층형 방식을 원칙으로 하며 우리가 일상생활에서 쉽게 접근하여 사용하고 있는 2D 프린터는 X, Y축 구동, 즉 좌우 구동을 원칙으로 하며 이에 3D 프린터는 X, Y축 구동을 기본으로 Z축 구동, 즉 상하 운동이 추가된 장비라고 생각하면 되겠다.

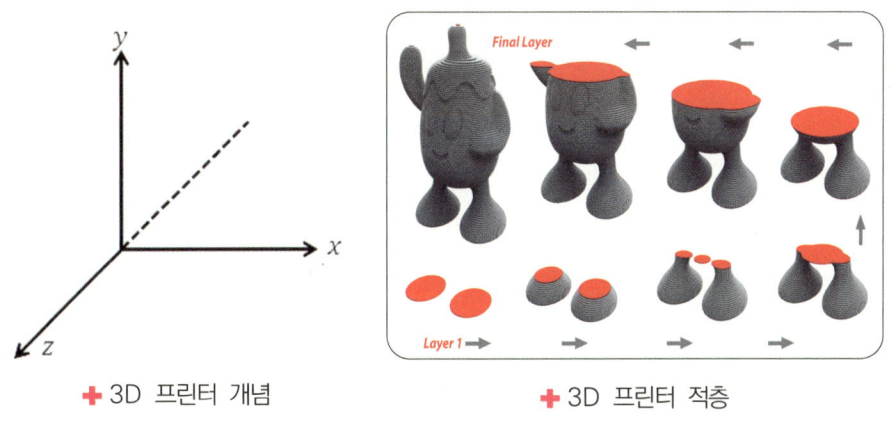

+ 3D 프린터 개념   + 3D 프린터 적층

2D 프린터의 출력 과정과 매우 흡사하게 진행된다.

2D 프린터의 출력에서 첫 번째 과정인 워드 작업 즉, 데이터를 만드는 과정을 3D 프린터에서는 3D 모델링 과정이라고 하며 워드작업에서 사용되는 소프트웨어 한글, 파워포인트, 엑셀 등 프로그램에 해당되는 입체적 설계가 가능한 3D 모델링 소프트웨어를 활용할 수 있어야 한다.

2) 2D 프린터와 3D 프린터 출력 과정 비교

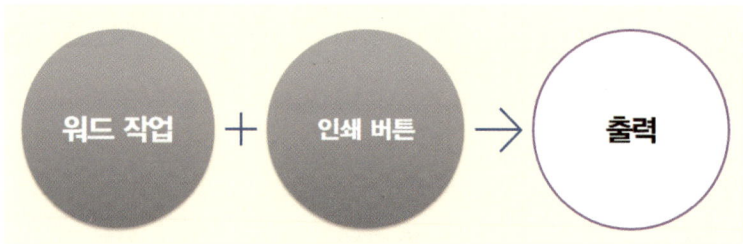

✚ 2D 프린터 출력 과정

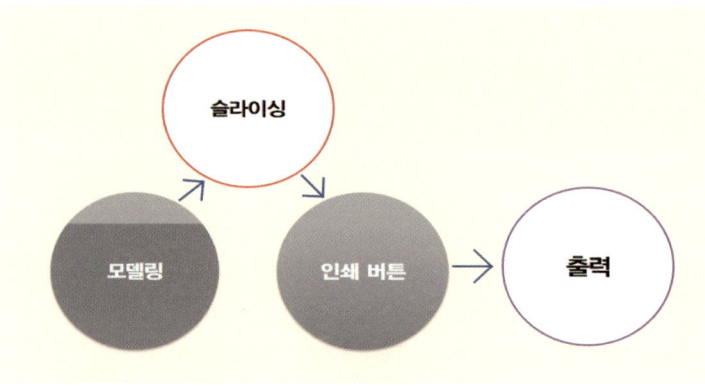

✚ 3D 프린터 출력 과정

두 번째 과정에서는 만들어진 데이터를 출력하는 과정으로 2D 프린터는 출력물 인쇄 버튼을 눌러 쉽게 진행 되지만 3D 프린터는 2D 프린터와는 다르게 '슬라이싱'이라는 과정을 추가로 진행해 주어야 한다.

슬라이싱이란 만들어진 데이터를 자르는 과정으로 2D로 만들어진 데이터가 단면으로 되어있지만 3D로 만들어진 데이터는 입체이기 때문에 3D 프린터가 데이터를 적층하기 위해서는 데이터를 각 층별로 나누어 주는 작업을 해야 한다.

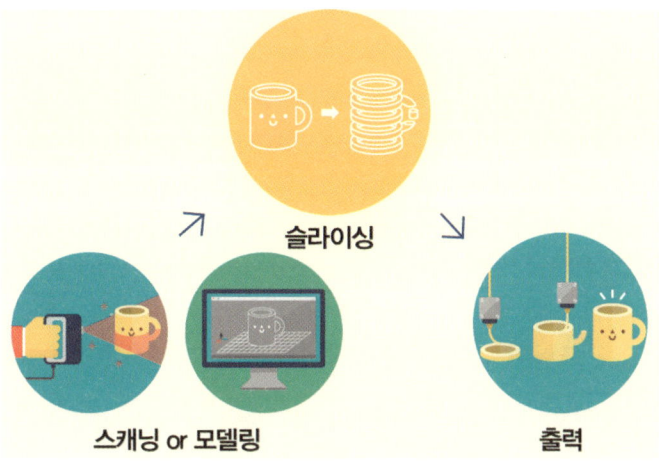

+ 3D 프린터 출력 과정 그림표

④ FFF 입문

4-1. FFF 장비사용 매뉴얼

1) 안전을 위한 주의사항

프린터를 사용하기 전에 "안전을 위한 주의사항"을 반드시 읽으시고 지침을 준수해 야 한다. 사용자나 제 3자의 부상 및 프린터의 손상을 방지하기 위한 지침이다.

- 프린터는 동작 중 높은 열이 발생하므로 동작 중 내부에 인체나 기구물을 넣을 경우 화상의 위험이 있다. 내부에 인체나 기구물을 넣을 경우는 반드시 동작 종료 후, 열을 충분히 식혀야 한다.
- 모터, 벨트, 기어 등 움직이는 부품을 사용하고 있다. 동작 중 내부에 인체나 기구물을 넣을 경우 끼임에 의한 부상의 위험이 있다.
- 프린터에 물이나 기타 액체, 혹은 금속 조각이나 기타 전도성 이물질이 들어가면 화재나 쇼크의 위험이 있으므로 주의해야 한다. 또한, 화재/감전의 위험이 있으므로 젖은 손으로 조작하면 안된다.
- 프린터에 의한 어린이나 애완동물의 부상위험이 있으므로 설치장소에 주의해야 한다. 프

린터 주변에 어린이나 애완동물이 있을 경우 관찰 및 보호가 필요하다.
- 프린터나 부속품은 날카로운 표면의 부품이 포함된다. 인체의 부상이나 프린터 손상에 주의한다.
- 프린터에 사용되는 재료인 필라멘트는 화재나 부상의 위험이 있으므로 다른 기기로 가열이나 변형하지 마라. 또한, 출력물 및 필라멘트 찌꺼기 등을 삼킬 경우 질식 등의 위험이 있으므로 취급에 주의해야 한다.
- 프린터에 휘발성 물체를 사용할 경우 화재/폭발의 위험이 있으므로 사용하지 마라. 또한, 발화물질이나 인화물질을 프린터 주변에 방치해 두면 화재의 위험이 있으므로 제거해야 한다.
- 프린터의 조명 LED는 고휘도 LED를 사용하므로 눈의 보호를 위해 직접 보지 마라. 프린터의 전원 및 USB 케이블을 훼손하거나 변형하지 마시고 지정된 전압의 공급전원 이외의 전원을 공급하지 마라.
- 프린터를 이동시킬 때에는 프린터 동작을 멈추고 내부 부품의 온도가 충분히 식은 후, 주전원을 끈 상태에서 전원 및 USB케이블을 분리해야 한다.
- 프린터 내부의 빈 공간에는 프린터 손상 및 화재의 위험이 있으므로 필라멘트 혹은 다른 물건을 넣으면 안된다.
- 히팅베드나 Extruder가 가열된 상태로 전원을 끄면 안된다. 냉각팬이 돌지않아 고열에 의해 장비가 고장나거나 화재가 발생할 수 있다.
- 프린터는 재료를 녹여 사용하며 이 과정 중 특유의 냄새가 날 수 있으므로 환기가 잘 되는 곳에 설치한다.
- 프린터는 실외, 직사광신이 비치는 곳, 진동이나 습기, 먼지가 심한 장소에는 설치하면 안된다.
- 프린터는 흔들리거나 평평하지 않은 불안정한 장소에 설치하면 안된다.
- 또한, 사용설명서의 주의 사항을 잘 읽고 프린터를 사용하시기 바란다.

2) 준비사항

(1) G-Code 준비

3D 프린터 제조사에서 지정한 전용 슬라이싱 소프트웨어를 사용하여 G-Code 파일 생성하여야 한다.

(2) 필라멘트 준비

필라멘트 종류, 온도를 확인하고 개봉한 필라멘트는 가급적 빨리 사용하고 부득이 보관할 경우 풀리지 않도록 필라멘트를 스풀에 고정 후 밀봉보관 하여야 한다. 개봉으로 인한 습기, 먼지 등에 오염된 필라멘트 사용은 프린터 고장, 출력품질 문제를 유발한다. 필라멘트 회전 방향에 주의하여 장착하며 필라멘트스풀을 프린터에서 분리 시 스풀에서 필라멘트가 풀리지 않도록 주의한다.

(3) Extruder 노즐의 온도설정 준비

온도설정이 잘못되면 노즐 막힘, 필라멘트 갈림 등으로 Extruder 고장이 발생한다. 필라멘트 교체 시 온도설정 주의 및 노즐내부의 이전 필라멘트 충분히 제거해야 한다.

(4) Extruder(노즐)과 히팅베드의 온도조건

사용 필라멘트에 적합한 온도로 Extruder(노즐)/히팅베드를 가열하여 사용해야 한다. 각 장비마다 온도 값의 오차가 있으므로 사용자 경험으로 최적의 값을 설정하면 품질을 개선할 수 있다.

사용 필라멘트의 적정온도 범위가 아닌 경우 필라멘트 탄화, 토출 불량, 갈림, 심한 수축 등 출력 품질 불량 및 장비 고장이 발생할 수 있다. 출력이 완료된 후 조형물은 히팅베드가 충분히 식은 후 분리한다.

(5) Extruder

정기적인 Extruder 청소 등의 관리 필요하다. Extruder 커버를 열고 내부, 기어 등의 오염물 제거 및 필라멘트 경로상의 오염물 제거하고 커버를 연 상태에서 청소 시 내부배선 손상에 주의해야 한다.

✚ Extruder 내부

(6) 노즐의 청소

정기적인 토출 상태 확인, 청소 등의 관리 필요하다. 노즐 외부 청소는 Extruder 가열 후 순면 재질의 헝겊으로 청소한다. 노즐 끝에 탄화된 필라멘트가 많을 경우 Tilt 문제가 발생할 수 있다. 노즐 끝은 깨끗하게 관리해야 한다.

✚ 청소가 필요한 상태의 노즐

노즐 관리핀을 사용하여 노즐 내부 청소 시 Extruder 손상에 주의해야 한다.

잘못된 사용으로 Extruder 고장이 발생할 수 있으므로 충분히 숙달되도록 해야한다. 노즐 내부에 필라멘트를 넣어놓은 상태로 노즐의 냉각, 히팅을 반복할 경우 필라멘트의 변형이 생겨 고장의 원인이 된다.

(7) Extruder 모듈의 분리/결합

- 분리/결합은 반드시 전원이 차단된 상태 (전원 OFF)에서 진행한다.
- Extruder 노즐이 가열된 상태에서 전원 차단 금지한다. 팬이 동작되지 않아 내부회로에 손상이 발생할 수 있다. 히팅베드의 청소 Autotilt 전 베드의 레벨접점에 오염물이 묻어 있지 않도록 관리한다.
  필라멘트 찌꺼기 등의 오염물이 Tilt 측정 위치인 레벨접점에 고착된 경우 Tilt 문제가 발생할 수 있다. 출력 전 레벨접전 부위의 이물을 깨끗이 청소한 후 출력을 진행해야 한다.
- AS 요청 준비, 이상 상태 발생시의 상황 및 프린터 내부, LCD화면 등을 사진/동영상으로 기록하여 제조사에게 고장 원인을 정확하게 전달한다.

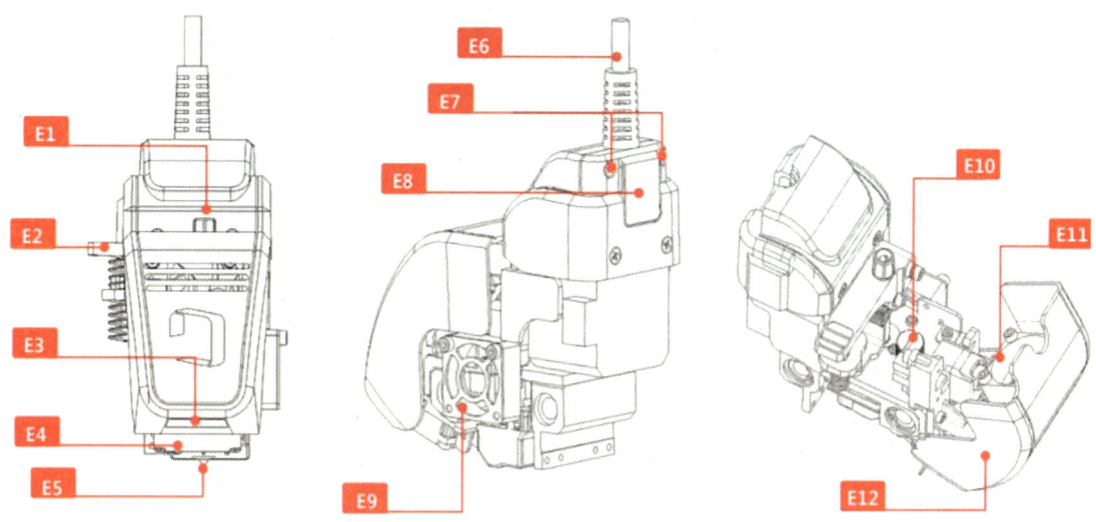

[E1]	필라멘트 삽입구	Extruder에 필라멘트를 넣는 홀. 테프론튜브를 끼워 넣음
[E2]	필라멘트 누름손잡이	Extruder내의 필라멘트를 수동으로 빼거나 끼울 때 누르는 손잡이
[E3]	조형(Mold) 팬	조형물 쪽으로 바람을 불어주는 팬
[E4]	히팅블럭커버	노즐 히팅블럭을 감싸는 커버 (내열고무)
[E5]	노즐	필라멘트가 녹아 밀려나오는 노즐
[E6]	Extruder 케이블	Extruder에 연결되어 전원 공급 및 신호선 전달을 담당하는 케이블
[E7]	케이블 고정나사	케이블을 Extruder에 고정하기 위한 나사 (m2.5)
[E8]	케이블 고정블럭	Extruder 케이블이 빠지지 않도록 Extruder에 고정하는 기구물
[E9]	Cool End 팬	히팅블럭을 냉각시키는 팬
[E10]	Extruder모듈 고정나사	Extruder 모듈을 분리할 때 사용하는 고정나사
[E11]	Gear 팬	Extruder내부의 기어를 냉각시키는 팬
[E12]	Extruder 커버	Extruder 내부확인을 위한 커버

　　Extruder(압출기) 내부와 각부의 명칭에 대한 사전이해가 필요하다. FFF 방식의 프린터에서 가장 중요하고 핵심적인 부분은 필라멘트를 가열하여 녹이고 노즐 밖으로 밀어내는 Extruder이다.

✚ 히팅베드

    조형물이 출력되는 Platform인 히팅베드(Heating Bed)의 평탄도 및 노즐과의 간격은 출력물의 품질을 결정짓는 중요한 요소이다.

    일반적인 FFF 방식의 프린터는 사용자가 베드의 높이를 수동 혹은 반 자동으로 조작하여 높이를 맞추게 되므로 출력 시 높이 오차에 의한 출력 실패 및 품질 악화가 빈번하게 발생한다.

    최근 출시된 제품들은 자동으로 히팅베드의 높낮이를 정밀 측정(오토레벨링)하고 이 결과를 사용하여 노즐과의 간격을 최상의 상태로 조절되는 기능을 포함하고 있으므로 장비 구매시 기능 유무를 확인해야 한다.

① 본체뒷면의 전원스위치를 [OFF] 에(O) 놓습니다.

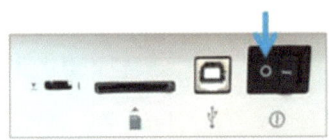

② 전원케이블을 본체 후면 하단의 전원입력단자에 끼우고, 전원케이블을 꼬이지 않도록 정리한 후 어댑터의 전원케이블을 콘센트에 꽂습니다.

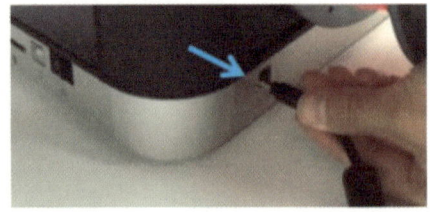

- 전원을 켜기 전에 다음사항을 다시 한번 확인해야 한다.
- 전원케이블의 꼬임, 꺾임 및 전원콘센트 연결 등 전원 연결 상태에 문제가 없는지 확인한다.
- 필라멘트 스풀의 장착상태 / 회전방향 / 회전상태 확인한다.
- 테프론 튜브 이동에 문제없는지 확인한다.
- Extruder 케이블의 손상상태 확인한다.
- Extruder 모듈의 장착상태 확인한다.
- 히팅베드가 정확한 위치에 장착되었는지 확인한다.

③ 본체뒷면의 전원스위치를 【ON】에(|) 놓습니다.

④ LCD 화면의 표시를 확인합니다.

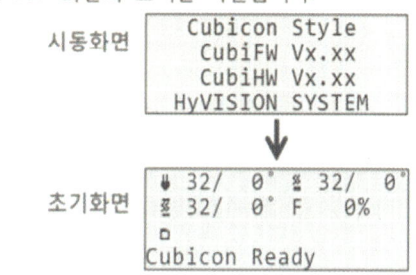

LCD 화면은 버전에 따라 달라질 수 있다.

기능설정을 위한 메뉴를 호출하지 않은 경우(홈 화면)는 LCD화면에 프린터의 현재 상태 정보가 표시됩니다.

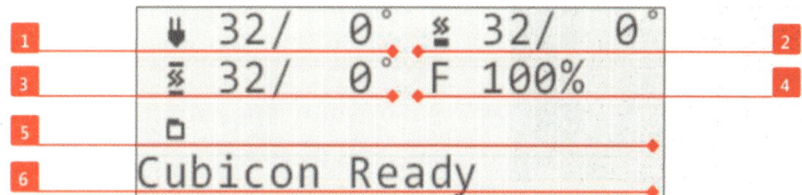

[1] Extruder의 노즐온도   현재온도 / 목표온도로 표시됨.
[2] 히팅베드의 온도   현재온도 / 목표온도로 표시됨.
[3] 프린터 내부 대기온도   현재온도 / 목표온도로 표시됨.
[4] 조형팬 회전속도   조형팬의 회전속도가 표시됨 (최대 100%)
[5] 출력 선택된 파일명   출력을 위해 선택된 SD카드의 파일명 표시 (영문파일명만 정상 표시됨)
[6] 프린터 동작상태   현재 프린터의 동작상태를 표시함.
                           출력 중일 경우 "출력이 진행된 시간(hh:mm), 진행률[남은 출력시간]"로 표시.

Extruder의 노즐과 히팅베드의 온도는 목표 온도로 가열 혹은 냉각된다.

프린터 내부 대기온도는 출력을 시작하면 노즐과 히팅베드가 가열되어 온도가 올라가게 된다. 현재 온도가 목표 온도보다 높은 경우는 필터팬을 동작으로 공기를 순환시켜 내부를 냉각시킨다. 온도의 단위는 섭씨'C°'이다.

출력이 멈춘 경우 파일명과 출력시간이 [5]의 위치에 전환되며 나타난다.

남은 출력시간은 슬라이싱 프로그램에서 예측한 시간과 모델에 따라 오차가 발생할 수 있다. 출력이 진행되면서 남은 출력시간은 자동으로 갱신될 수 있다. LCD화면에 나타나는 내용은 Firmware의 버전에 따라 달라질 수 있다.

사용 필라멘트에 따라 [1] Extruder / [2]히팅베드의 목표온도(가열온도)가 중요하므로 출력 전 확인이 필요하다.

(8) 출력하기

① 필라멘트스풀을 프린터의 스풀홀더에 장착하고 본체 내부의 테프론튜브 입구까지 필라멘트를 밀어 넣습니다.

② 프린터의 전원을 켭니다.

① 필라멘트스풀을 프린터의 스풀홀더에 장착하고 본체 내부의 테프론튜브 입구까지 필라멘트를 밀어 넣습니다.

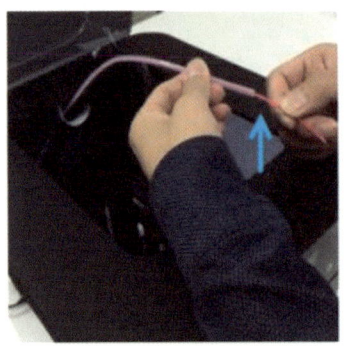

② 프린터의 전원을 [ON]합니다.

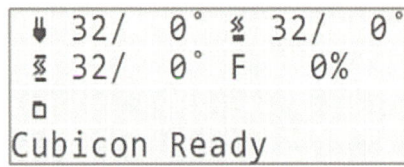

*화면의 숫자는 주변온도에 따라 달라집니다.

③ 필라멘트를 Extruder에 넣기 위해 [OK]버튼을 눌러 기능메뉴에서 {Prepare > Load Filament}를 선택한다.

③ 필라멘트를 Extruder에 넣기 위해 [OK]버튼을 눌러 기능메뉴에서 {Prepare > Load Filament}를 선택합니다.

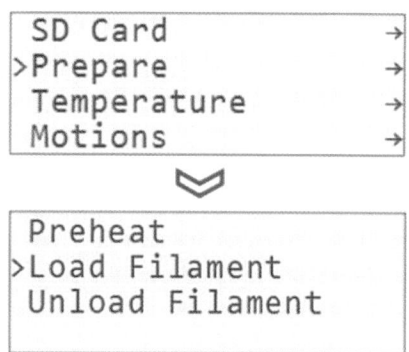

④ {Load Filament}의 {Temp}를 선택하고 [OK]버튼을 눌러 온도를 240도로 설정하고 노즐의 히팅을 진행한다. 목표 온도로 Extruder 노즐의 온도가 올라가면 "Wait…" 표시가 사라지고, {Load Start} 메뉴가 나타난다.

{Load Start}를 선택하면 화면에 "Wait…" 표시가 깜빡이며 Extruder는 이동하여 홈센싱을 진행한 후 필라멘트를 이동시키는 Extruder의 모터가 돌면서 Loading이 시작된다.

Extruder의 이동이 멈추면, Extruder 상단의 필라멘트 삽입구에 필라멘트를 밀어 넣는다. 삽입구에 3cm가량 밀어 넣으면 기어가 자동으로 물고 내려간다. 자동으로 물고 내려갈 때 까지만 밀어 넣는다.

필라멘트가 노즐을 통해 어느 정도 녹아 밀려 나오면 [OK]버튼을 눌러 필라멘트 Load를 멈춘다. Loading 과정 중 장착한 색상과 다른 필라멘트가 녹아 나와도 걱정하지 마라. 검사 시 사용한 필라멘트가 노즐 속에 남아있다가 녹아 나온 것이다.

④ {Load Filament}의 {Temp}를 선택하고 [OK]버튼을 눌러 **온도를 240도로 설정하고 노즐의 히팅을 진행**합니다.

```
*Temp : ↓234/240°
 Wait...
```

```
 Temp : ↓240/240°
>Load Start
```

목표온도로 Extruder 노즐의 온도가 올라가면 "Wait..." 표시가 사라지고, {Load Start}메뉴가 나타납니다.

{Load Start}를 선택하면 화면에 "Wait..." 표시가 깜빡이며 Extruder는 이동하여 홈센싱을 진행한 후 필라멘트를 이동시키는 Extruder의 모터가 돌면서 Loading이 시작됩니다.
Extruder의 이동이 멈추면,
Extruder 상단의 필라멘트 삽입구에 필라멘트를 밀어 넣습니다. 삽입구에 3cm가량 밀어 넣으면 기어가 자동으로 물고 내려갑니다. 자동으로 물고 내려갈 때 까지만 밀어 넣으십시오.

```
Loading...

Wait...
```
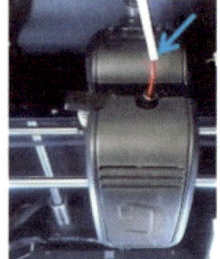

필라멘트가 노즐을 통해 어느 정도 녹아 밀려 나오면 **[OK]버튼을 눌러 필라멘트 Load를 멈춥니다.**

Loading 과정 중 장착한 색상과 다른 필라멘트가 녹아 나와도 걱정하지 마십시오. 검사 시 사용한 필라멘트가 노즐 속에 남아있다가 녹아 나온 것입니다.

히팅베드의 레벨접점에 이물이 있다면 제거하시기 바랍니다.

```
Loading...
Touch OK Button
To Load Stop
```

⑤ SD카드를 SD메모리 삽입구에 넣은 후 출력을 원하는 파일을 선택한다. [OK]버튼을 눌러 LCD화면의 기능 메뉴를 불러 {SDCard}를 눌러 SD카드의 G-Code 파일 List를 보며 선택할 수 있다.

　　장착필라멘트가 ABS면 "ABS_" 파일을, PLA면 "PLA_" 파일을 선택한다.

⑥ G-Code 파일에 기록된 온도조건으로 히팅베드, Extruder 노즐의 온도를 순서대로 올리고 Auto Leveling을 자동으로 진행한 후 출력이 시작된다.

⑦ 출력이 완료되면 조형물을 히팅베드에서 억지로 떼어내지 마시고 히팅베드가 식을 때까지 기다린다. 히팅베드의 온도가 상온까지 내려가면 조형물을 쉽게 히팅베드에

서 떼어 낼 수 있다. 온도가 내려가도 히팅베드에서 조형물이 떨어지지 않으면 조형물의 바닥 가장자리를 납작한 물체로 조금씩 공간을 만들면 쉽게 떨어진다.

⑤ 액세서리에 동봉된 SD카드를 SD메모리삽입구에 넣은 후 출력을 원하는 파일을 선택합니다.
[OK]버튼을 눌러 LCD화면의 기능메뉴를 불러 {SD Card}를 눌러 SD카드의 G-Code 파일(*.hvs) List를 보며 선택할 수 있습니다.

장착필라멘트가
ABS면 "ABS_*.hvs" 파일을
PLA면 "PLA_*.hvs" 파일을 선택하십시오.
확장자가 *.hvs만 프린터에 사용할 수 있습니다.

동봉된 SD카드에는 샘플 출력할 수 있도록 출력시간이 작은 모델의 G-Code(*.hvs)가 저장되어 있습니다.

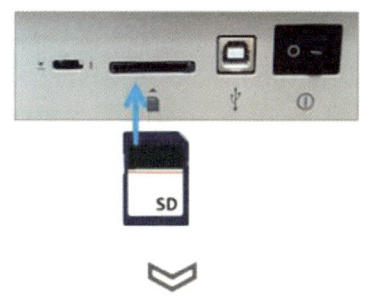

⑥ G-Code 파일에 기록된 온도조건으로 히팅베드, Extruder 노즐의 온도를 순서대로 올리고 Auto Leveling을 자동으로 진행한 후 출력이 시작 됩니다.

사용자는 출력할 G-Code파일만 선택하면 이 모든 과정이 자동으로 진행됩니다.

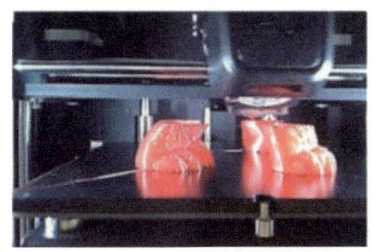

⑦ 출력이 완료되면 **조형물을 히팅베드에서 억지로 떼어내지 마시고 히팅베드가 식을 때까지 기다리십시오.** 히팅베드의 온도가 상온까지 내려가면 조형물을 쉽게 히팅베드에서 떼어 낼 수 있습니다.

온도가 내려가도 히팅베드에서 조형물이 떨어지지 않으면 조형물의 바닥 가장자리를 납작한 물체로 조금씩 공간을 만들면 쉽게 떨어집니다.

(9) 출력 도중 필라멘트 교체하고 출력하기

3D 프린터를 사용해 출력을 하는 도중에 사용하던 필라멘트가 떨어져 새로운 필라멘트로 교체하여 계속 출력하거나 혹은 사용자의 필요성으로 출력 중에 다른 필라멘트로 교체한 후 출력하는 경우가 있다.

> **T.I.P**
>
> 최초출력의 노즐 온도 설정은 ABS 혹은 PLA만을 사용할 경우 장착필라멘트와 무관하게 ABS 온도로 설정하는 것이 좋습니다. 240도로 하는 이유는 제품 제작 과정에서 출력 Test를 하게 됩니다. 이때 사용한 필라멘트가 ABS/PLA 어느 경우에도 대응하기 위해 ABS Loading 온도를 적용한 것입니다.
>
> 이전 출력에서 사용한 필라멘트가 어떤 종류인지 불분명 할 경우에는 높은 온도의 필라멘트를 기준으로 Extruder의 노즐 온도를 설정하고 가열합니다.
>
> 필라멘트를 교환할 경우에는 충분한 필라멘트(1m 이상)를 노즐로 밀려 나오도록 Loading 시키는 것이 좋습니다. 이는 노즐 속에 남아있는 이전 필라멘트 제거를 하기 위함입니다.

4-2. SLS 방식: 대표기술 - 분말 융접 기술인 SLS 방식

1) 용융기술(SLM: Selective Laser Melting)

SLS 방식은 서포터가 필요하지 않은 방식인데, 융접되지 않은 주변 분말들이 제품을 제작하면서 자연스럽게 서포터 역할을 하기 때문에 서포터가 필요하지 않게 된다.

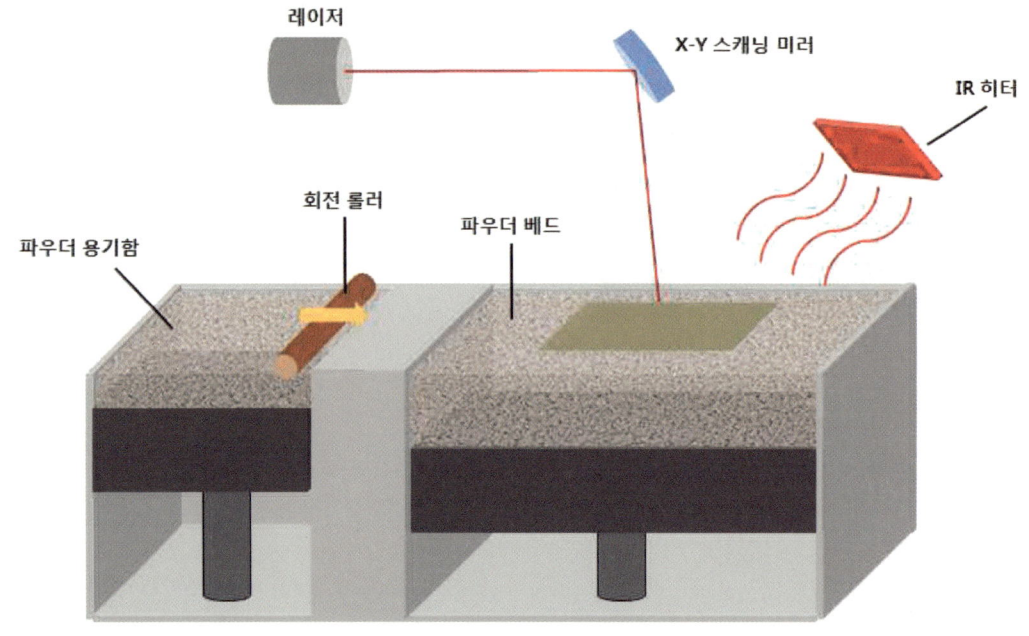

✚ NCS 표준서 SLS방식 제품 제작 방법

➕ 소재에 따른 노즐 온

소재 종류	노즐 온도
PLA	190~230℃
ABS	215~250℃
나일론	235~260℃
PC(Polyvinyl Alcohol)	250~305℃
PVA(Polyvinyl Alcohol)	220~230℃
HIPS(High-Impact Polystyrene)	215~250℃
나무	175~250℃
TPU(Thermoplastic polyurethane)	210~230℃

(1) 품 질

- **레이어 높이**: 모델을 slicing하는 간격. 값이 작을수록 모델 정밀도는 높아지며, 출력 시간은 증가한다.
- **외벽 두께**: 출력물의 벽 두께를 설정한다.
- **첫 레이어 두께**: 보조출력물을 제외한 모델의 첫 번째 레이어의 높이. Bed와 잘 붙게 하기 위해 높이를 조절한다. 특별히 문제가 없는 한 수정하지 않는 것이 좋다.
- **모델 하부 잘라내기**: 출력물 z축의 시작 높이를 설정한다.
- **나선형 출력**: 컵과 같은 원통형 모델을 출력하기 위한 모드로 물이 새지 않도록 밑부분 벽을 두껍게 처리한다.
   ※ 원통형 형태의 모델만 사용해야 한다. 손잡이가 있는 컵과 같은 모양도 사용하시면 출력 품질에 문제가 된다.

(2) 채우기

- **레이어 채우기 사용**: 이 기능은 윗면과 밑면을 제외한 중간 부분의 수평면을 채우는 기능이다. 중간에 수평면이 존재하지 않는 모델(컵 같은 형태의 모델)에서 해제하면 출력품질을 향상키고 출력시간을 단축시킬 수 있다.
   ※ 중간에 평면이 존재하는 모델에 이 기능을 끄면 모델에 구멍이 생길 수 있다.

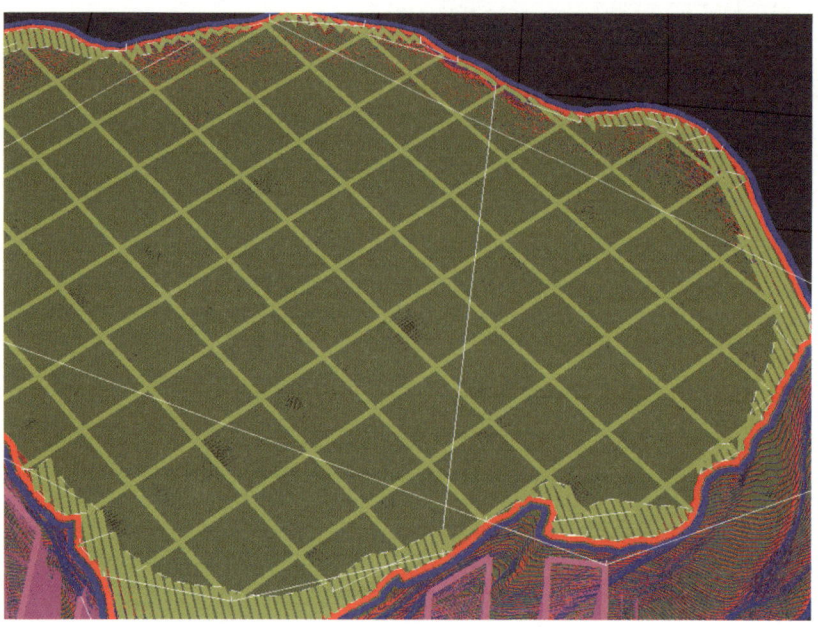

➕ 채우기

- **내부채우기 밀도**: 솔리드 형태 모델의 내부 채우는 정도. 값이 높을수록 밀도가 높아지며 출력시간이 증가합니다.
- **윗면 채우기 레이어 수**: 윗면 채우는 개수
- **밑면 채우기 레이어 수**: 밑면 채우는 개수
- **외벽과 겹치는 정도**: 내부에 infill이 벽과 겹치는 정도

(3) 지지대

3D 프린터는 특성상 한 층씩 아래에서부터 쌓아올려 형상을 만든다. 출력하는 층의 아래에 이미 출력되어 있는 패턴이 없을 경우는 필라멘트를 공중에 쌓게되어 구조가 만들어지지 않는다. 이런 경우에는 "지지대"를 사용하여 공중에 쌓는 구조를 개선할 수 있다.

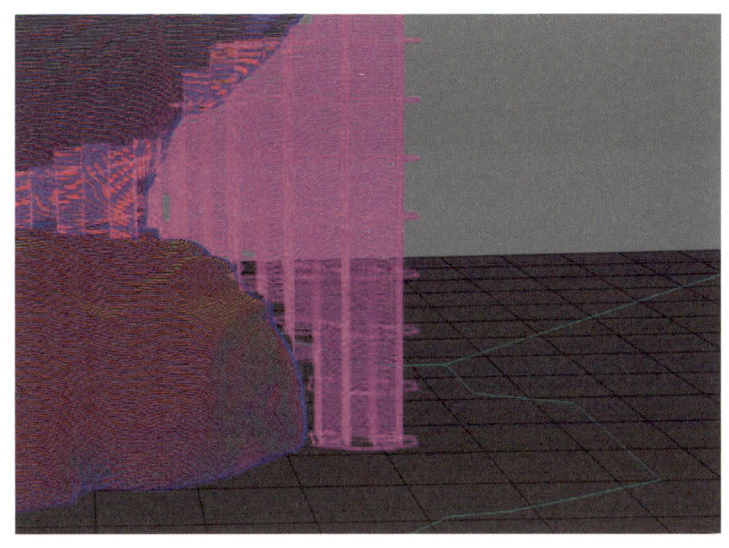

① 범위

옵션	설명
선택적 부위	바닥 플랫폼에서 보이는 부분에만 지지대 형성
모든 부위	지지대가 필요한 모든 부위에 생성

② 종류

옵션	설명
단 방향선	지지대의 구조를 직선을 형태로 해서 쌓습니다. 출력 완료 후 제거하기 쉬우나 높이 올라가면 쓰러질 수 있다.
끝점 연결선	지지대의 구조를 직선 형태에서 끝점을 연결하면서 쌓는다. 서포터도 튼튼하며 출력 후 제거는 격자방식에 비해 수월하다.
격자	지지대의 구조를 직선을 교차하여 격자모양으로 쌓는다. 튼튼하나 제거하기 힘들다.

- **지지대 밀도**: Support 내부를 채우는 비율을 설정
- **조형물과 XY띄움 간격**: 출력물과 지지대 간의 XY 간격
- **조형물과 Z띄움 간격**: 출력물과 지지대 간의 z축 간격. 많이 떨어질수록 모델과 분리가 잘되나 지지대가 지지하는 출력물 밑면의 품질이 안좋아진다.
- **적용각도**: 수직방향을 기준으로 폴리곤의 법선과의 각도 차이를 계산해 지지대의 생성위치를 정한다. 값이 작을수록 많은 영역에 지지대가 생긴다.

(4) 바닥 보조물

조형물은 출력중에는 Bed 바닥에 잘 접착되어야 한다. Bed에 접착되는 바닥면적이 작거나 모델바닥에 요철구조가 심한 경우 혹은 기타 다른 원인으로 인해 바닥 접착이 불량할 경우는 "바닥보조물"을 사용하여 바닥상태를 개선할 수 있다.

옵션	설명
단 방향선	지지대의 구조를 직선을 형태로 해서 쌓는다. 출력 완료 후 제거하기 쉬우나 높이 올라가면 쓰러질 수 있다.
끝점 연결선	지지대의 구조를 직선 형태에서 끝점을 연결하면서 쌓는다. 서포터도 튼튼하며 출력 후 제거는 격자방식에 비해 수월하다.
격자	지지대의 구조를 직선을 교차하여 격자모양으로 쌓는다. 튼튼하나 제거하기 힘들다.

종류	옵션 및 설명	
Raft	모델의 바닥 면적이 좁아 물체가 쓰러질 수 있는 경우 Bed와 잘 붙이기 위해 사용한다. 하지만 출력 시간이 오래 걸리기 때문에 출력물이 Bed에서 잘 떨어지는 경우에 사용하는 것이 좋다. ※ 출력물이 큰 경우 Raft의 출력 시간도 오래 걸림으로 필요한 경우에 사용을 권장한다.	
	조형물과 띄움 간격	바닥 면에서 바깥으로 확장되는 거리
	패턴 간격	바닥 면을 채우는 지그재그 패턴의 간격
Brim	모델이 Bed와 잘 붙게 출력물 바닥 주변에 여러 번 테두리를 그린다. 출력 완료 후 출력물과 분리한 면이 지저분하다	
	선 개수	테두리 개수
Skirt	extruder 출력 안정화를 위해 모델 바닥 주변에 테두리를 그린다	
	선 개수	테두리 개수
	조형물과 띄움 간격	모델 바닥 면과 skirt와의 거리
	최소 적용 길이	skirt를 사용하기 위한 최소 길이

(5) 출력 속도

- **출력속도**: 출력속도
- **이동속도**: 필라멘트를 압출하지 않으면서 이동하는 속도
- **안쪽벽출력속도**: 모델 안쪽 벽 출력 속도. 안쪽벽은 바깥에서 보이지 않기 때문에 속도를 높여 사용하면 출력시간이 단축된다.
- **바깥벽출력속도**: 모델 바깥 벽 출력 속도. 실제 출력물의 보이는 외관이기 때문에 출력속도를 늦추면 일반적으로 품질이 향상된다.
- **첫레이어출력속도**: support, raft, skirt, brims을 제외한 모델의 첫 번째 레이어의 출력속도, 일반적으로 속도가 느릴수록 바닥에 붙는 특성이 양호하다.
- **채우기속도**: 모델 내부를 채우는 속도. 모델 내부는 보이지 않기 때문에 속도를 높여 사용한다.
- **리트렉션속도**: 필라멘트를 되감는(리트렉션) 속도

(6) 리트렉션

리트렉션 사용 여부 선택. 리트렉션은 출력 도중 출력을 멈추고 이동할 때 미세하게 나오는 필라멘트를 빨아들여 출력물에 품질을 향상시킨다. 하지만 모델에 따라 많이 사용되면 노즐이 막히거나 기포에 의해 출력물에 작은 구멍들이 생길 수 있으므로 적절하게 사용해야 한다.

(7) 조형냉각

- **Cool head**: 한 레이어의 출력이 빨리 끝날 경우 다음 레이어 출력에 문제가 생길 수 있어 일정시간 대기하는 데 cool head를 사용하면 extruder를 띄우고 x축으로 약간 이동 후 cooling을 한다.
- **팬작동시작높이**: 조형팬이 돌기 시작하는 높이
- **팬최소속도**: 최소조형팬속도
- **팬최대속도**: 최대조형팬속도

4-3. 3D 프린터의 출력을 위한 사전준비

3D 프린터는 출력 모델과 출력 옵션 설정에 따라 출력 품질이 달라진다. 출력 특성을 이해한 후 출력 옵션을 조정하면 향상된 품질의 출력물을 얻을 수 있다.

1) 필라멘트

(1) 재료 선정

① 재료의 종류

➕ 큐비콘 예제 표

재료	Extruder	Bed	Chamber
ABS	240℃	115℃	50℃
PLA	210℃	65℃	40℃

- Flow: 프린터 필라멘트 출력양을 설정한다. 기본값 100%로 설정되어 있다. 출력에 특별히 문제가 없는 한 변경하지 않는 것이 좋다.

(2) 압출방식

- FDM 방식: FDM 방식의 원리는 가열된 노즐에 필라멘트 형태의 열가소성 수지를 투입하고, 투입된 재료들이 노즐 내부에서 가압되어 노즐 출구를 통해 토출되는 형식이다. 플라스틱 재료를 녹여 이를 노즐을 통해 압출하기 때문에 조형 공정 특성상 열가소성 재료만을 사용하여야 한다.

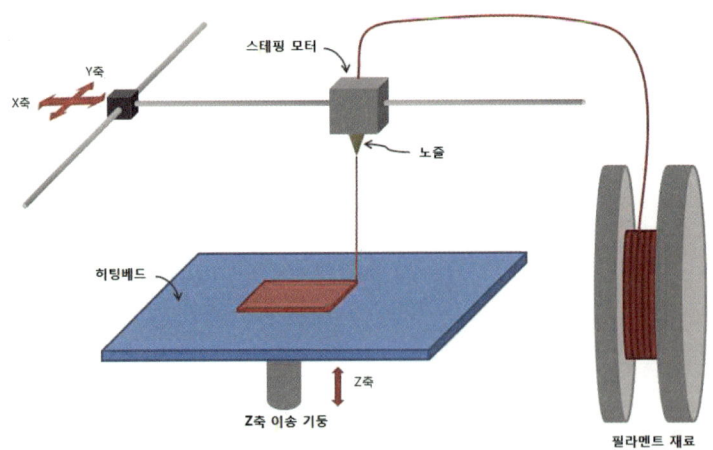

출처: 예제 NCS FDM방식 공정 원리 개략도

(3) 압출 방법

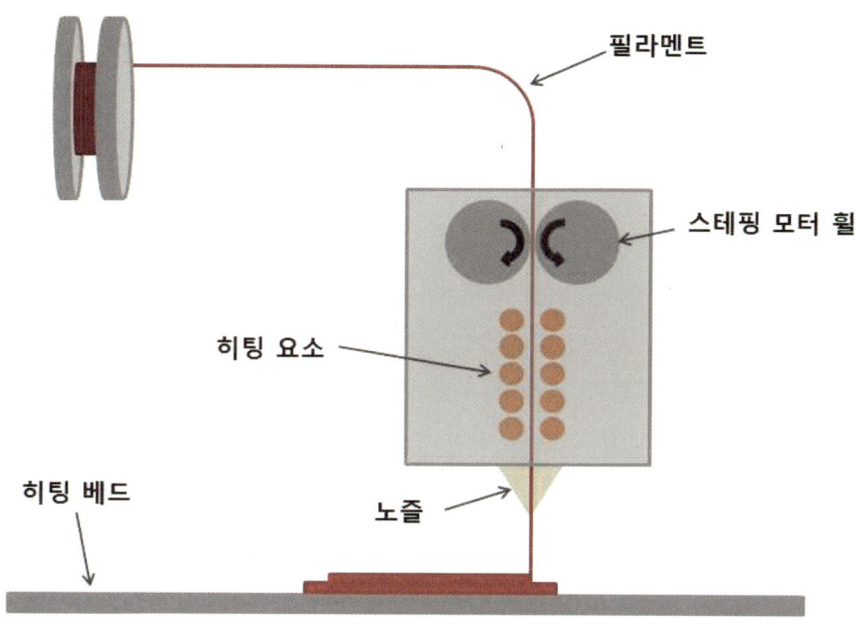

+ NCS 표준서 FDM방식 재료 압출 방법

(4) 압출 방식

- **SLA 방식**: SLA 방식이란 용기 안에 담긴 액체 상태의 광경화성 수지에 적절한 파장을 갖는 빛을 주사하여 선택적으로 경화시키는 방식이다.
  특정 파장의 빛에 의해 광경화성 수지를 단면형상으로 경화시켜 층을 형성하고 이를 반복하여 3차원 형상을 성형한다.
  SLA 방식은 빛을 이용하여 광경화성 수지를 굳혀 물체를 제작하는 형식이다.
  빛이 레이저에서 나와서 렌즈를 지나 거울에 반사되어 광경화성 수지에 주사되면서 제품 형상이 만들어진다.
- **구성요소**: 레이저, 랜즈, 반사거울, 엘리베이터, 스윕 암 등

4-4. 출력 조건을 최종 확인

1) 정밀도 확인

3D 프린터들의 정밀도는 날이 갈수록 발전하고 있는 추세이다. 레이어의 두께는 마이크로 단위까지 설정이 가능할 정도로, 설계한 물체를 거의 오차 없이 출력할 수가 있다.

하지만 FDM 방식 같은 경우는 다른 3D 프린터 방식들에 비해선 정밀도가 조금 떨어지는 편이다.

특히 FDM 방식으로 조립 형태의 물체를 만들 경우엔 출력 공차를 줘야지만 조립이 가능하다. 물체의 사이즈를 딱 맞게 출력할 경우 조립이 되지 않는 경우가 발생한다. FDM 방식은 노즐에서 필라멘트가 압출되어 재료가 토출되는 방식이다.

FDM의 방식상 원하는 곳에 노즐이 재료를 토출하여도 노즐의 지름과 재료가 나와서 퍼짐의 정도에 따라 오차가 발생하게 된다. 그래서 수행내용에서는 수평 길이, 수평 내부 길이, 수평 방면 구멍, 수직 방면 구멍의 공차에 대해서 확인해 보도록 한다.

2) 온도확인

온도 설정은 3D 프린터를 동작하기 위해서 중요한 요소 중에 하나이다.

소재별로 온도 설정이 다르기 때문에 물성안전검사 확인서를 통한 제조사별 온도 설정 내용을 잘 살펴보도록 한다.

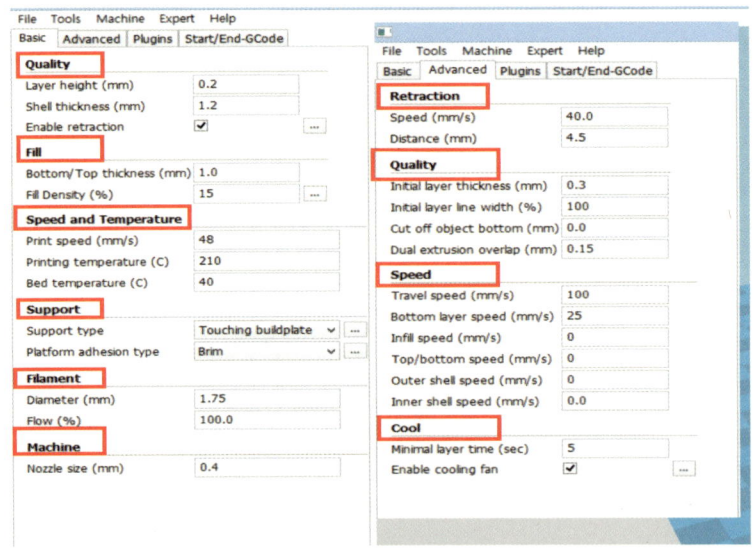

CHAPTER

07

제품출력

3D 프린터 운용기능사
CRAFTSMAN THREE OPERATIONAL PRINTERS D.

3D 프린터 운용기능사

CRAFTSMAN THREEOPERATIONAL
PRINTERS D.

3.D.
기.능.사.

CHAPTER
07 제품출력

① 출력 중 고정 상태와 지지대 확인

1-1. 출력 중 제품출력 경로의 G코드 확인

- 3D 프린터를 G코드를 이용해서 구동하기 위해서는 좌표계에 대한 이해가 필요하다.
- 3차원 공간에서 좌표계를 X, Y 및 Z축을 이용하여 직교 좌표계(Rectangular Coordinate System)로 정의하는 것이 일반적이다.
- KS B 0126에서 규정하고 있는 각 좌표축과 이들 사이의 관계를 재료 압출방식 3D 프린터에 표현한 것이다.
- X, Y 및 X축은 서로 90°의 각을 이루고 있으며, 각 축의 화살표 방향이 양(+)의 부호를 갖는다.
- 일반적으로는 X, Y축이 이루는 평면을 지면과 수평하게 놓게 된다.

1) G코드 내용 파악

(1) Start Code

G코드 시작 부분으로 작성된 코드 값에 의해 작업을 실행한다.

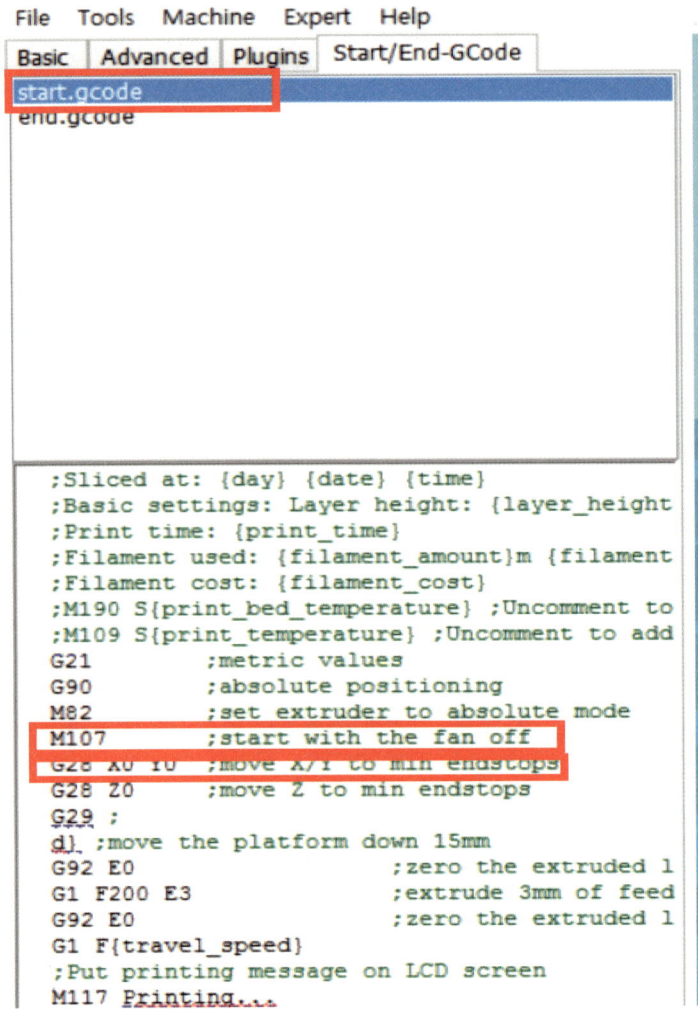

(2) M107

쿨링팬 작동(Off)

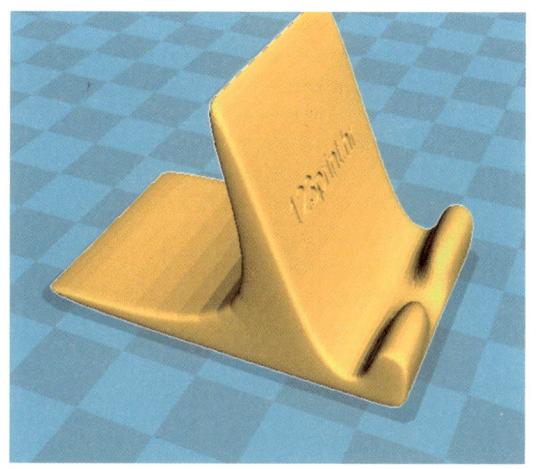 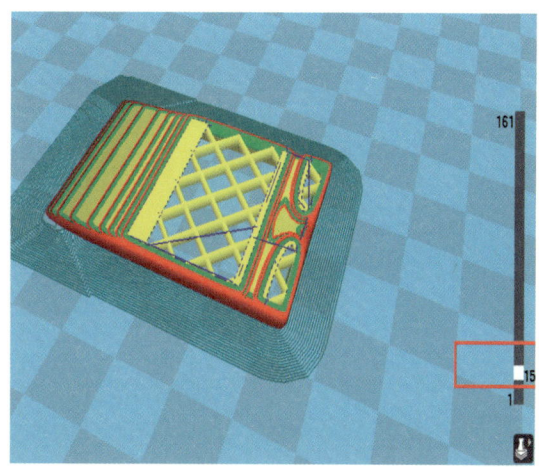

➕ 출력 경로 확인

(3) G28

원점 이동, 각 축(X, Y, Z)의 원점 값으로 이동(0,0,0)

(4) M117 Printing

3D 프린터의 LCD 표시창에 Printing 표시

(5) F200

노즐 이동 속도

2) ProterFace(프론트페이스)

경로 확인 및 출력 중 문제점 파악 후 조치

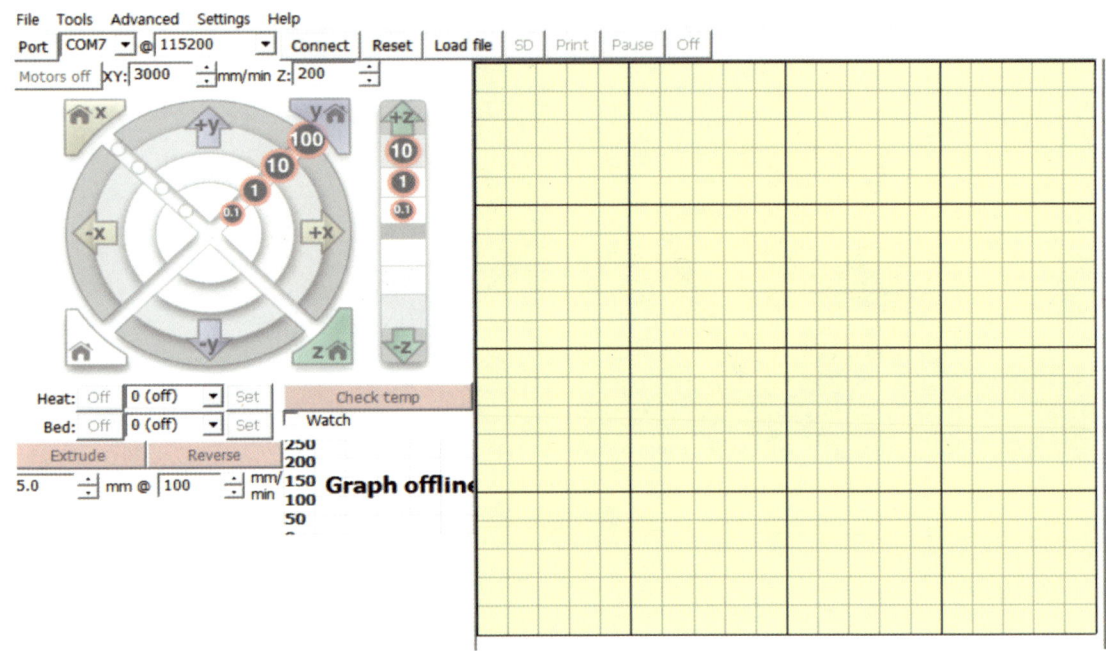

✚ 경로 확인 및 G코드/M코드 입력

❷ 출력 오류 대처하기

2-1. 출력오류 대처

다음은 3D 프린터를 사용하다가 발생할 수 있는 문제점과 원인 그리고 그 해결방법에 대하여 설명하고자 한다.

여기 설명할 문제점은 대부분 FFF 또는 FDM 방식으로 불리는 적층형 3D 프린터에서 발생하는 것으로 모델링 설계에서부터 3D 프린터의 하드웨어적 문제 그리고 사용 소재의 특성에 이르기까지 발생 문제는 다양하고 그 해결책 또한 여러 가지일 수 있다.

본 교재에서는 3D 프린터 제품별 특성이나 슬라이스 프로그램 특성 또는 설계 특성에 의해서 발생하는 문제점에 대해서는 다루지 않으며, 대부분의 3D 프린터에서 공통적으로 발생할 수 있는 문제점을 중심으로 설명하고자 한다.

　모델을 출력 후 문제점을 수정하는 것보다 미리 시험을 통해 사용하고자 하는 3D 프린터의 특성을 알고 이를 모델링이나 슬라이스 프로그램에 반영하면 더 많은 시간과 재료, 비용을 아낄 수 있다.

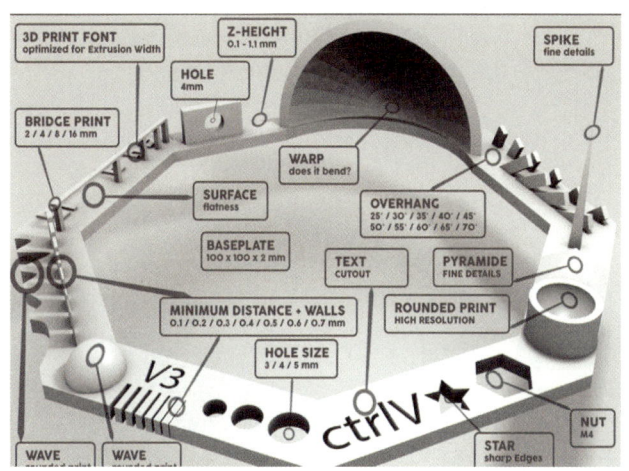 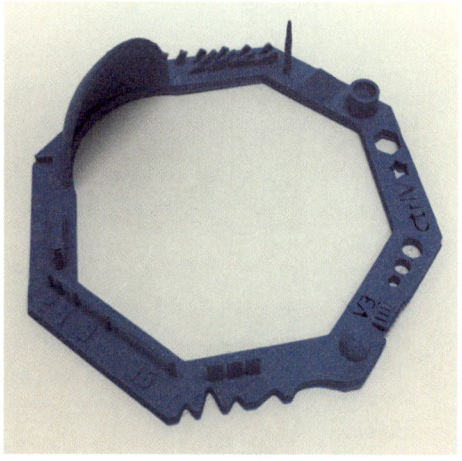

✚ 3D 프린터 시험 파일 및 출력 예시

　3D 프린터의 구조 및 이론에서 언급했듯이 FFF 방식 3D 프린터는 정밀한 모터에 의해서 상하, 좌우, 앞뒤로 조정되는 글루건이라고 생각하면 간단하다. 그러므로 원하고자 하는 모형이 출력되지 않은 이유는 제대로 된 위치에 제대로 된 방법으로 원하는 양의 플라스틱이 쌓이지 않는 것이다.

　여기에 사출된 원료가 녹고 굳는 시간과 양의 문제가 더해져 전체적인 문제를 발생시킨다. 다시 정리하자면 3D 프린터의 문제는 크게 소프트웨어와 하드웨어적인 문제로 구분될 수 있으며, 소프트웨어적 문제는 모델링 프로그램, 슬라이스 프로그램 그리고 3D 프린터 펌웨어 문제로 다시 나눠볼 수 있다. 본 교재의 3D 프린팅 문제 해결방법에 사용된 그림과 사진 일부는 인터넷상에 관련 자료를 인용하였음을 밝힌다.

문제점	사진	원인	해결방법
Warping (말려올라감)		• 플라스틱의 자연스러운 특성으로 인해 발생 • ABS 또는 PLA 필라멘트가 식으면 아주 약간 수축되기 때문에 플라스틱이 너무 빨리 냉각되면서 휘어지는 문제가 발생	• 가열 인쇄 플랫폼 사용 • 접착제 도포 • 다른 플랫폼 유형 시도(브림이나 라프트 설정) • 플랫폼 수평 맞추기 • 고급 온도 설정 조정 • 밀폐형 챔버 사용
Elephant Foot		• 핫베드의 경우 첫 레이어가 충분히 냉각 시간을 갖기 전에 두 번째 레이어가 쌓아질 수 있음, 이때 이러한 현상이 발생 • 베드와 노즐간 간격이 좁은 경우	• 올바른 균형 맞추기 • 노즐 높이 올리기 • 첫 레이어 출력 속도 낮추기
More First Layer Problem		• 인쇄판이 제대로 수평을 이루지 못했음을 나타냄 • 노즐이 배드에서 너무 멀리 떨어져 있으면 바닥면에 원하지 않는 선이 표시되거나 첫 번째 층이 달라붙지 않음 • 노즐이 너무 가까운 경우 얼룩이 생길 수 있음	• 프린트 베드 수평 맞추기 • 노즐 높이 조정 • 프린트 플랫폼 청소 • 접착제 추가 • 베드 온도 조정
Layer Misalignment		• 프린터 벨트가 잘 조여지지 않았을 때 • 상부 플레이트는 고정되지 않고 하부 플레이트와 독립적으로 움직일때 • Z 축의 로드 중 하나가 완벽하게 직선이 아닐때	• 벨트 확인 • 상판 확인 • Z축 막대 확인
Missing Layers		• 인쇄에 필요한 양의 플라스틱을 제공하지 못했을 경우(압출 언더 라스트) • 필라멘트 스풀, 피더 휠 또는 막힌 노즐에 문제가 발생한 경우	• 기계 점검 • 막대 정렬 확인 • 베어링 마모 • 오일 확인 • 압출 확인
Cracks In Tall Objects		• 불안정한 출력온도와 냉각속도 인해 레이어간 접착력이 떨어진 경우	• 익스트루더 온도 확인 • 팬의 방향과 속도 확인

문제점	사진	원인	해결방법
Pillowing		• 상단 레이어의 부적절한 냉각 상태 • 상단 표면에 충분히 두께의 레이어가 프린팅 되지 않은 경우	• 필라멘트 크기 확인 • 팬 위치 확인 • 팬 속도를 G코드로 설정 • 상단 레이어 수를 늘림
Stringing		• 노즐 이동시 일부 필라멘트가 노즐에 흘러내린 경우	• 리트렉션 설정 확인 • 최소 이동거리 확인 • 문제 부위 절단
Under-Extrusion		• 사용된 필라멘트의 직경이 슬라이싱 소프트웨어에 설정된 직경과 일치하지 않는 경우 • 압출 된 재료의 양은 결함있는 슬라이서 소프트웨어 설정 때문에 너무 적을 경우	• 필라멘트 직경 확인 • 필라멘트 직경 측정 • 헤드 확인 • 압출 배율 설정
Over-Extrusion		• 슬라이싱 소프트웨어의 토출 배율 또는 흐름 설정이 너무 높을 경우	• 압출 배율 조정 • 토출량 조절(Flow setting)
Shifting Layers		• 레이어를 이동시 구부러지거나 잘못 정렬된 막대 또는 인쇄물에 걸릴 경우	• 프린터가 안정된 바닥에 있는지 확인 • 프린트베이스 안전여부 확인 • 상층 뒤틀림 주의 • 인쇄 속도 조정 • 벨트 확인 • 드라이브 풀리 확인 • 막대 확인 및 오일 도포
Blocked Bowden Nozzle		• 필라멘트 조각이 노즐에 남아있는 상태 또는 노즐 주변의 오염에 따라 토출되는 필라멘트와 엉키는 경우 • 오랜 시간동안 사용하지 않아 노즐내 필라멘트가 고착된 경우	• 바늘로 차단 해제 • 노즐 클리닝 • 핫 엔드 분해 및 재구축

문제점	사진	원인	해결방법
Snapped filament		• 품질이 좋지 않은 필라멘트를 사용하였거나 수분을 흡수하는 PLA같은 소재를 오랫동안 공기 중에 방치한 경우	• 불량 필라멘트 제거 • 필라멘트 공급 기업 장력 조정 • 노즐 확인 • 흐름 속도 및 온도 확인
Stripped filament		• 압출기의 너트나 톱니 바퀴가 프린터를 통해 필라멘트를 당기거나 밀어 낼 수 없는 경우	• 시스템 도움말 참고 • 필라멘트 공급 기업 장력 조절 • 필라멘트 제거 • 온도 확인
Broken Infill		• 슬라이싱 소프트웨어 내에서 설정 오류 • 노즐 청결 상태 불량	• 채움 밀도 확인 • 내부 채움 속도 조정 • 패턴 교체 • 노즐 확인
Ghosting of the Internal Structure		• 고스트 문제는 주변 경로로 침입한 infill문제(인쇄물에 얇은 벽이 있을 때 가장 잘 보임) • 물체가 놓여질 때 주변 선과 중복되는 충전 구조물로 인해 발생	• 쉘 두께 확인 • 쉘 두께 확장 • 인쇄 플랫폼 확인
Gaps between Infill and Outer Wall		• 내부 채움과 외벽 사이 overlap이 충분하지 않을 경우 • 노즐 사이즈와 출력물 속채움 설정이 맞지 않을 경우	• 충전물 겹침 확인 • 핫 엔드 온도 증가 • 인쇄 속도 감소 • Infill overlap 설정 값 변경 (15% 이상)
Non-Manifold Edges		• 두 개의 큐브가 있고 이를 직접 겹치려고 하면 고체 외벽이 두 객체가 교차하지 못하게 되므로 물리적으로 불가능	• 최신 슬라이서 소프트웨어 사용 • Silmplify 3D에서 'Non-manifold'로 수정 • 레이어 뷰 사용 • 소프트웨어를 통한 문제해결 • 개체 병합

문제점	사진	원인	해결방법
Model Overhangs		• FFF 프로세스는 각 레이어가 다른 레이어 위에 만들어 지도록 요구함. 따라서 모델에 인쇄물의 아래에 아무 것도 없는 부분이 있으면 필라멘트가 공기중에 노출되어 인쇄물의 마감부분이 끈적하게 됨	• 지원 추가 • 모델 지원 • 지원 플랫폼 만들기 • 벽의 각도 조정 • 부분 분해
Leaning Models		• 스테퍼 모터에 연결된 풀리 중 하나가 약간 느슨하거나 벨트 중 하나에서 문제가 발생(벨트가 늘어나거나 꺽임)	• X축 및 Y축 검사 • 벨트 장력 검사 • 벨트 기업 및 스테핑 모터 기어 점검
Extrusion Temperature Too High		• 일반적으로 너무 뜨거워지거나 과열되는 것은 쉬운 문제입니다. 핫 엔드가 너무 뜨거워서 식힐 필요가 있다. 필라멘트가 흐를 수 있도록 필라멘트를 녹이는 것과 필라멘트를 빠르게 고형화하여 다음 층을 단단한 표면에 적용 할 수있는 균형을 유지해야 한다.	• 재질 설정 확인 • 핫 엔드 온도 낮추기 • 인쇄 속도 증가 • 팬 상태 확인
과다 토출		• 적절하지 못한 출력 온도 및 출력량	• 소재에 맞는 노즐 온도 설정 • 토출량 점검 • 온도센서 점검
스트링 또는 Oozing		• 노즐 온도나 이동속도가 적절하지 못한 경우	• 소재 특성에 맞는 노즐 온도 설정 • 노즐 이동속도 조절 • 리트렉션 값 조정

문제점	사진	원인	해결방법
첫레이어 불량		• 첫 레이어가 핫베드에 착근되지 못함 • 프린트 헤드와 베드간의 간격이 적절하지 못함 • Build platform이 오염되었을 때 • Build platform의 온도가 낮을 때 • Hot end의 온도가 낮을 때	• 베드 수평 레벨링 점검 • 노즐 오염 점검 • 적절한 노즐 온도 설정 확인 • 핫베드일 경우 베드 온도 점검 • 풀이나 마스킹 테이프 등을 사용하여 베드 접착력을 높임
Infill 불량		• Infill 설정값이 잘못되어 있을 경우(단 외벽 출력은 이상이 없을 때)	• Infill 패턴 조정 • Infill 속도를 낮춤 • Infill 패턴에 변화를 줌
꼭지점 불량		• 좁은 부분에서 기존 속도로 출력 할 경우 • 냉각이 제대로 되지 못한 상태에서 계속 출력이 이루어지는 경우	• 좁은 영역 출력 구간에서 출력 속도를 조정하거나 냉각팬 설정을 조절
외벽 불량		• 필라멘트 토출이 균일하지 못하거나 챔버 온도가 불완전할 경우 발생	• 필라멘트 오염여부 확인 • 노즐 오염여부 확인 • 온도센서 점검 • 익스투르더 점검 • 프린팅 속도 조정
출력외벽 불안정		• 토출량 조정 오류 및 높은 온도로 설정되어 기준보다 많은 량의 필라멘트가 토출되어 나오는 경우	• 소재 제작자가 제안하는 적정 온도 설정 확인 • 온도센서 점검 • 적정 토출량 확인
스트링 또는 Oozing		• 토출량 조정 오류 리트렉션이 적절히 이루어지지 않아 출력 중단 후 노즐 이동시 노즐 내 잔여 필라멘트가 흘러나오는 경우 • 노즐과 베드사이 간격이 불안정할 경우	• 리트렉션 설정 조정 • 노즐과 베드 간격 조정 및 베드 수평 맞춤 점검

문제점	사진	원인	해결방법
출력물 하단 불안정		• 지지대(support) 설정 오류	• 지지대 설정값 변경

③ 출력물 회수하기

1) 출력물 회수

3D 프린터에서 출력물을 제거할 때 이물질이 튀거나 상처를 입을 수 있다.

• **장비**: 안전 보호구 착용

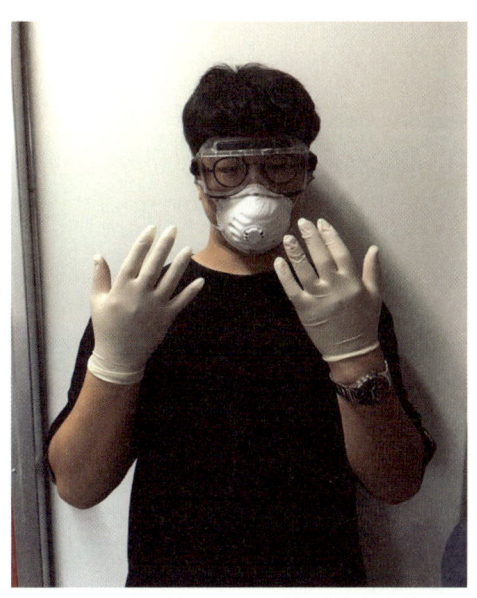

✚ 마스크, 장갑 및 보안경을 착용한 모습

2) 3D 프린터가 동작을 멈춘 것을 확인할 수 있다.

3D 프린터가 동작하는 도중 손을 넣는 등의 작업을 하면 위험하다. 따라서 3D 프린터가 동작을 완전히 멈춘 것을 확인해야 한다. 다음 그림은 3D 프린터가 출력을 종료한 후 동작을 멈춘 사진이다.

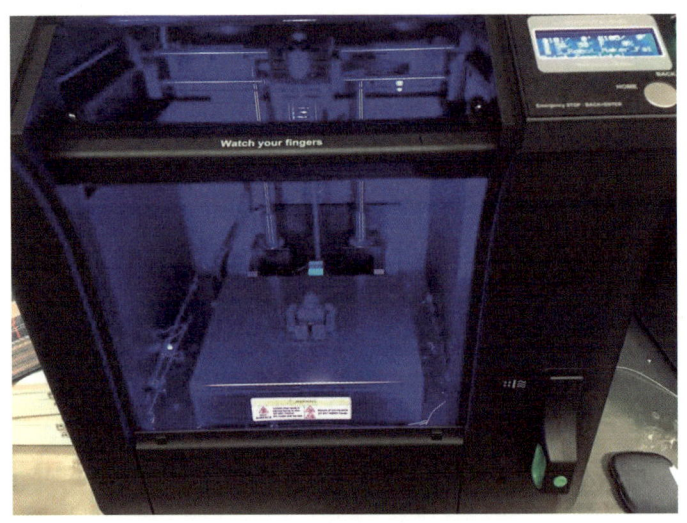

➕ 고체 방식 3D 프린터(Cubicon Single)가 출력을 종료한 후 동작을 멈춘 상태

3D 프린터의 내부 온도를 유지하고 제품이 출력되는 공간을 외부로부터 보호하기 위해서 문이 있는 경우가 있다. 3D 프린터가 출력을 종료한 것을 확인한 후 다음 그림과 같이 3D 프린터의 문을 연다.

어떤 3D 프린터의 경우에는 사용자가 실수로 문을 여는 것을 방지하기 위해서 문을 열기 전에 잠금장치를 풀어 주어야 한다(Stratasys사의 Dimension 1200es 장비의 문을 열기 전에 'Resume'버튼을 눌러 잠금장치를 푸는 사진이다).

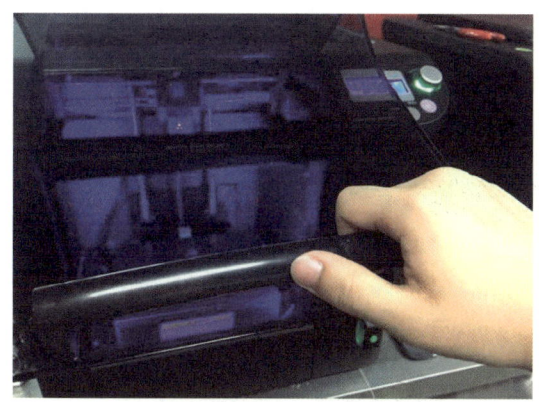

➕ Cubicon Single Dimension 1200es
3D 프린터(Dimension 1200es 및 Cubicon Single)의 문을 여는 장면

3) 플랫폼을 3D 프린터에서 제거할 수 있다.

플랫폼이 3D 프린터에 장착된 상태로 무리하게 힘을 주어 성형된 출력물을 제거하면 3D프린터의 구동부(모터 등)가 손상을 입을 수 있다. 따라서 우선 다음과 같이 제품이 출력되는 바닥면인 플랫폼을 3D 프린터에서 제거한다.

다음 사진은 플랫폼을 3D 프린터에서 제거하는 사진이다.

어떤 3D 프린터는 플랫폼을 견고하게 고정하기 위해서 고정 장치가 있는 경우가 있다.

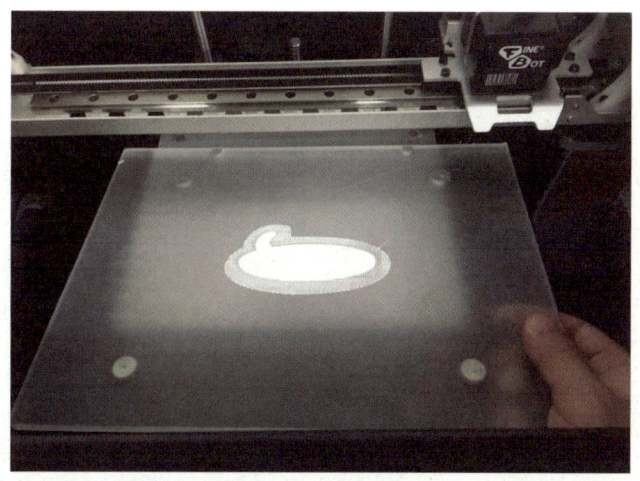

제품이 출력되는 바닥 면인 플랫폼을 3D 프린터에서 제거한다.

SLA 프린터 사용 후 레진과 같은 수용성 재료를 이용한 출력물 형성 제거시에는 전용 세척액으로 사용한 뒤 공구를 사용하여 분리한다.

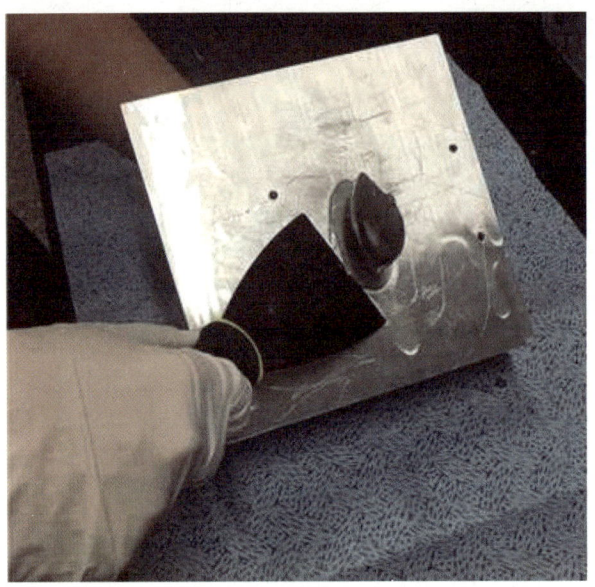

전용 공구를 플랫폼과 출력물 사이로 밀어 넣어 출력물을 플랫폼에서 분리한다.

전용공구를 사용하여 제거한 후 표면은 깨끗이 소독한다.

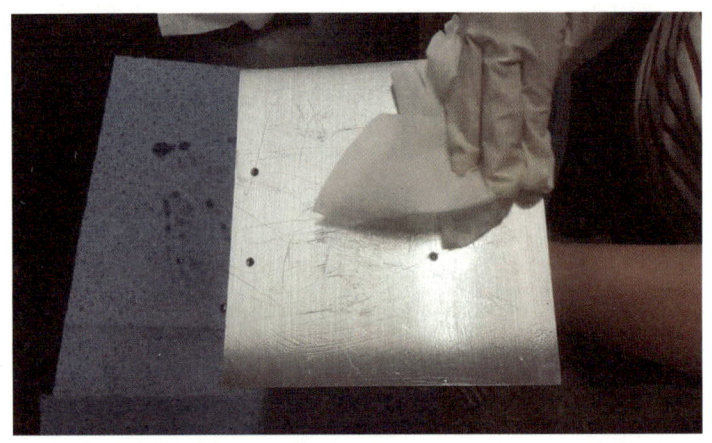

케미컬 와이퍼 등으로 플랫폼 표면을 깨끗이 닦아준다.

CHAPTER

08

후가공

3D 프린터 운용기능사
CRAFTSMAN THREE OPERATIONAL PRINTERS D.

3D 프린터
운용기능사

CRAFTSMAN THREEOPERATIONAL
PRINTERS D.

CHAPTER 08 후가공

① 표면처리하기

1-1. 표면처리

〈 프라이마 〉　〈 2차 퍼티 with 석고가루 〉
〈 도색 〉　〈 완성품 〉

후가공이란?

고객의 요구사항에 따라 일반적 서포트 제거 후 전문적인 표면처리, 도색, 코팅, 열 처리 등을 실시하여 최대한 실제 생산될 제품과 유사하게 제작하는 것

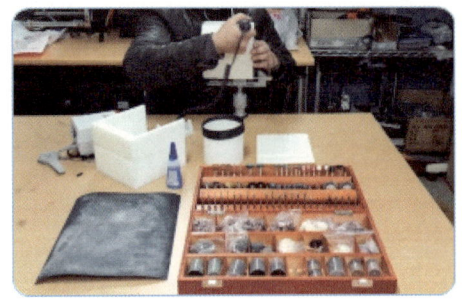

1) 후가공 도구

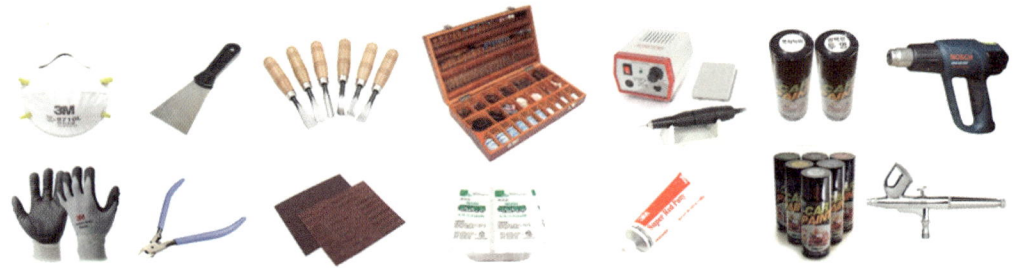

1. 마스크 2. 스크래퍼(scraper), 해라 3. 목판화 칼, 4. 핸드피스 5. 그라인더-핸드피스 6. 프라이마 7. 히팅건 8. 코팅장갑, 10. 니퍼. 11. 사포 12. 석고가루. 13. 퍼티 14. 카페인드붓

2) 후가공(서포트 제거)

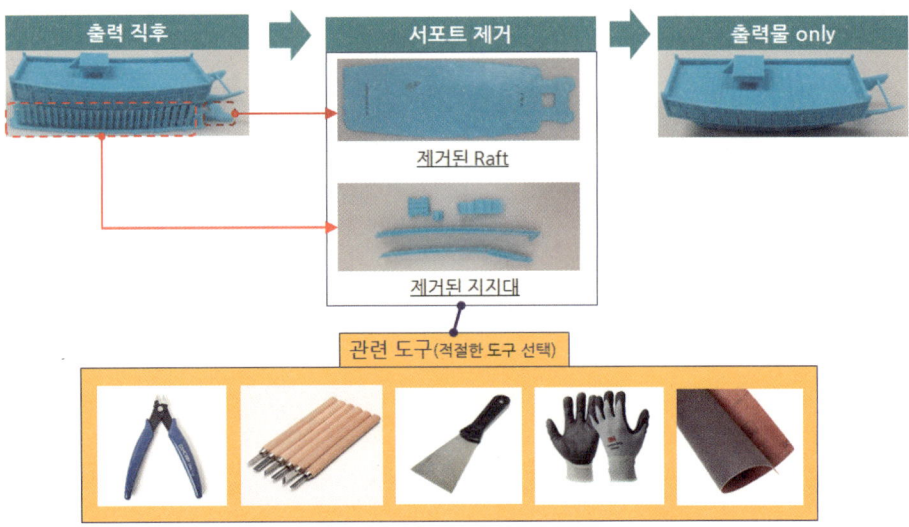

3) 후가공 사례[시제품 제작 전자식 자동압축 쓰레기통]

〈 출력물 확인 〉　〈 개별 글라인딩 〉
〈 조립 〉　〈 퍼티 〉

② 도장 처리

2-1. 도장처리

* 창업 챌린지 시제품 제작 사례

- 아이디어 회의
  - 개발자: 제품의 간단한 아이디어와 스케치된 그림만 가지고 시제품 제작 의뢰
  - 제작자: 고객 요구사항을 바탕으로 여러 샘플을 제작

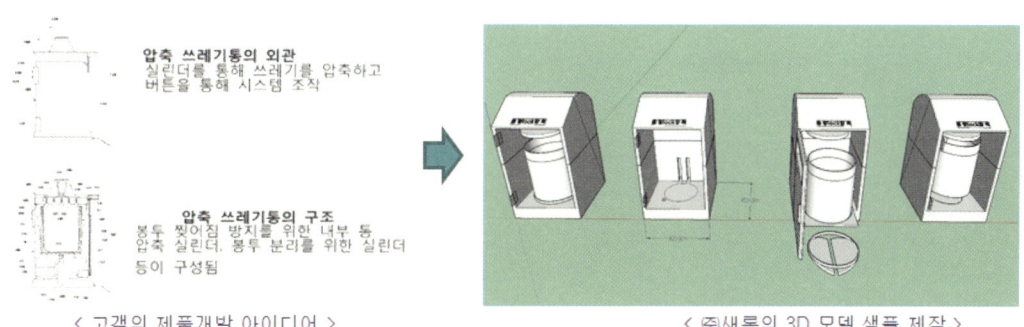

〈 고객의 제품개발 아이디어 〉　〈 ㈜새론의 3D 모델 샘플 제작 〉

- **3D 모델 최종 선택 및 보완**: 고객은 샘플 중 하나를 최종적으로 선택하고 세부 디자인과 모델의 보정을 한 후 3D 프린터로 출력

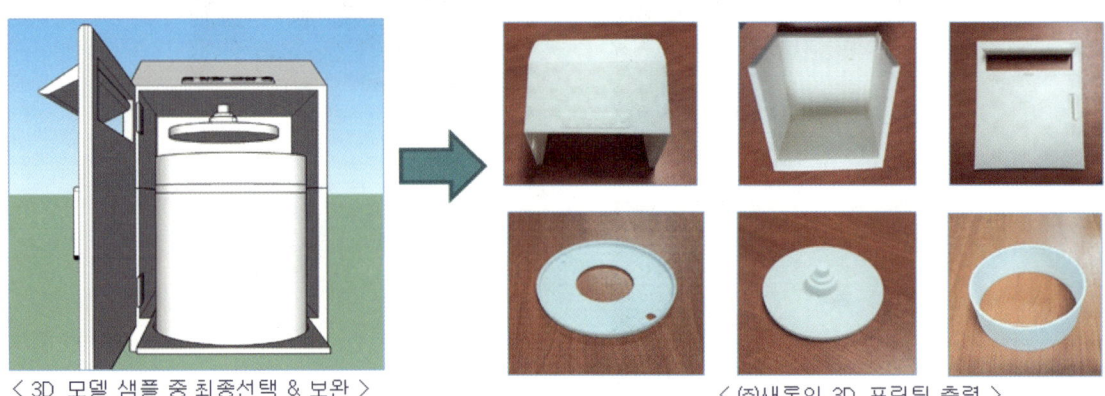

〈 3D 모델 샘플 중 최종선택 & 보완 〉   〈 ㈜새론의 3D 프린팅 출력 〉

- **전문 시제품(Mock-up) 제작 사례 [기계류]**: 실제 수동으로 부품들이 구동하여 펌프의 작동&성능을 체크, 60여개의 부품을 출력하여 서포트를 제거하고 후가공 후 조립

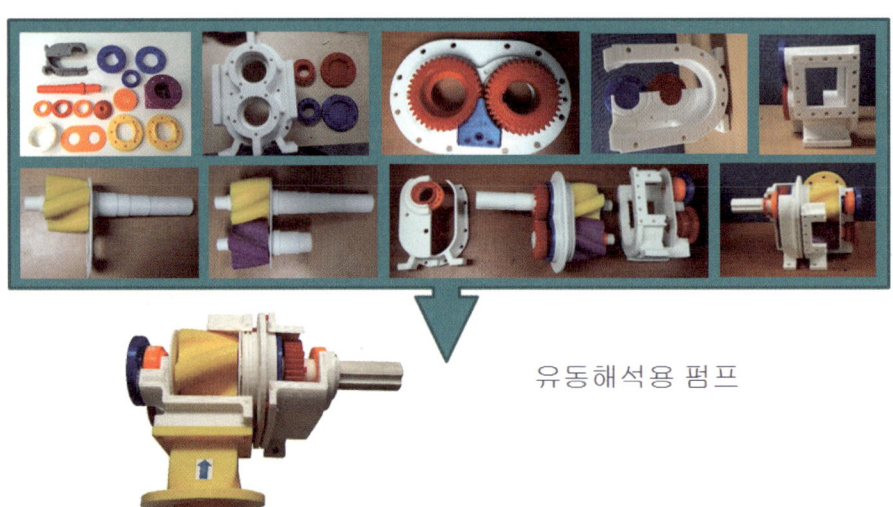

유동해석용 펌프

국가기술자격시험대비 3D 프린터 운용기능사(필기+실기)

2018년 12월 17일 초판 1쇄 발행 | 2019년 11월 25일 초판 2쇄 발행

저자 강윤구, 선영태, 김남현 | **발행인** 장진혁 | **발행처** (주)형설이엠제이
주소 서울시 마포구 월드컵북로 402 KGIT 상암센터 1212호 | **전화** (070) 4896-6052~3
등록 제2014-000262호 | **홈페이지** www.emj.co.kr | **e-mail** emj@emj.co.kr
공급 형설출판사

정가 18,000원

ⓒ 2019 (주)형설이엠제이, 강윤구, 선영태, 김남현 All Rights Reserved.

ISBN 979-11-86320-54-9 13580

* 본서는 저자와의 협의에 따라 인지는 붙이지 않습니다.
* 이 책은 저작권법에 의해 보호를 받는 저작물이므로 동영상 제작 및 무단전재와 복제를 금합니다.

이 도서의 국립중앙도서관 출판시도서목록(CIP)은 서지정보유통지원시스템 홈페이지(http://seoji.nl.go.kr)와 국가자료공동목록시스템(http://www.nl.go.kr/kolisnet)에서 이용하실 수 있습니다.(CIP제어번호 : CIP2018037486)

3D 프린터 운용기능사

필기+실기